벤담과 밀의 공리주의

Jeremy Bentham, An Introduction To The Principles Of Morals And Legislation(1879), Oxford AT THE CLARENDON PRESS.

J. S. Mill, "Bentham"(1838), London and Westminster Review, August 1838.

시민 교양 신서 01

벤담과
밀의
공리주의

제러미 벤담·존 스튜어트 밀 지음
정홍섭 옮김

도서출판
좁쌀한알

차례

공리주의
제러미 벤담

공리주의

원제: 도덕과 입법의 원칙 서론

제러미 벤담

1장 공리성의 원칙에 관하여

1. 자연은 인류를 **고통**과 **쾌락**이라는 두 절대적 주인에게 지배받도록 만들었다. 우리가 무엇을 할지 결정하는 것은 물론, 무엇을 해야 하는지를 짚어 내는 것은 오직 이 두 주인을 위한 것이다. 한편으로는 옳음과 그름의 기준이, 다른 한편으로는 원인과 결과의 사슬이 두 주인의 왕좌에 잡아매어져 있다. 이들은 우리가 하는 모든 행위, 우리가 하는 모든 말, 우리가 하는 모든 사고를 지배한다. 우리가 이 복종에서 벗어나려고 갖은 애를 쓰는 것은 우리의 복종을 보여 주고 확인하는 일이 될 뿐이다. 말로는 이 주인들의 제국을 버리고 떠나는 척할 수 있다. 그러나 실제로는 끝끝내 그곳에

붙들려 있게 될 것이다. **공리성의 원칙**[1]은 이 복종을 인정하는 것이고, 나아가 이성과 법률의 손길로 행복이라는 옷감을 짜는 것이 목적인 공리성 원칙의 기초로서 이 복종 관계를 받아들이는 것이다. 공리성의 원칙에 의문을 제기하는 체계들은 분별이 아니라 소음을, 이성이 아니라 변덕을, 빛이 아니라 어둠을 중시한다.

　은유나 장광설은 이제 충분하다. 도덕학은 그런 방법으로 발전할 수 없다.

---

1 1822년 7월의 저자 주.
　근래에 **최대 행복**(greatest happiness)의 원칙 또는 **최대 지복**(greatest felicity)의 원칙이라는 말이 이 명칭에 더해지거나 그것을 대체했다. 이 말은 모든 이해 당사자의 최대 행복을 설명하는 **공리성 원칙**을, 모든 상황에서의 인간 행위, 그리고 특히 정부 권력을 행사하는 공무원들의 행위의 옳고 적절할 뿐만 아니라 유일하게 옳고 적절하고 보편적으로 바람직한 목적으로서 상세하게 설명하는 대신에 그렇게 간단하게 표현하는 것이다. **공리성**이라는 말은 **행복**과 **지복**이라는 말만큼 **쾌락**과 **고통**이라는 관념을 분명하게 나타내지는 않는다. 또한 이 말이 우리로 하여금, 영향을 받는 이해 당사자의 **수**(number)를 고려하게 하지도 않을뿐더러, 여기서 문제로 삼고 있는 기준, 즉 모든 상황에서 인간 행위의 적합성을 적절히 가늠할 수 있는 유일한 **옳고 그름의 기준**을 마련하는 데 가장 큰 비중을 차지하는 **수**(number) 문제를 중요한 조건으로 고려하게 하지도 않는다. 이렇게 **행복**과 **쾌락**이라는 한편의 개념들과 **공리성**이라는 다른 한편의 개념 사이에 충분히 명백한 연관성이 없다는 사실이, 그렇지 않으면 수용되었을 이 공리성 원칙을 받아들이는 데 장애로, 그것도 지나치게 효과적인 장애로 작용하고 있다는 것을 나는 때때로 발견하곤 했다.

2. 공리성의 원칙이 이 책의 토대다. 그러므로 이 원칙이 뜻하는 바가 무엇인지 처음부터 분명하고 확실하게 설명하는 것이 적절할 것이다. 공리성의 원칙[2]이란, 이해 당사자의 행복을 증가시키거나 감소시키는 것, 달리 말하자면 그 행복을 증진하거나 방해하는 것이 틀림없어 보이는 경향에 따라서, 어떤 행위가 되었든 간에 그 모든 행위를 찬성하거나 반대하는 원칙을 뜻한다. 나는 모든 종류의 행위라고 말한다. 그러므로 사적 개인의 모든 행위뿐만 아니라 정부의 모든 정책에 관해서도 말하고 있는 것이다.

3. 공리성이란 이해 당사자에게 혜택, 이득, 쾌락, 선, 행복

---

2 원칙(principle)이라는 말은 라틴어 프린시피움(principium)에서 나온 것이다. 이 라틴어는 '첫째' 또는 '으뜸'을 뜻하는 프리무스(primus)와 아우켑스(auceps, 새 사냥꾼-역주), 포르켑스(forceps, 집게-역주) 등등과 비슷한 경우로서 마니시피움(manicipium, 노예 상태-역주), 무니시피움(municipium, 자치도시-역주)에서처럼 '취득하다'라는 뜻의 카피오(capio)에서 나온 것으로 보이는 접미사 시피움(cipium)이라는 두 낱말이 합성된 것으로 보인다. '원칙'은 매우 애매하고 매우 광범위한 의미를 지닌 용어다. 이 용어는 일련의 작용의 토대나 시초 노릇을 한다고 생각되는 그 어떤 것에도 적용된다. 어떤 경우에는 물리 작용에 적용되기도 하지만, 지금 이 논의에서는 정신 작용에 적용된다.

여기서 문제 삼는 원칙은 감정(sentiment), 그 가운데에서도 찬성의 감정이라는 심적 행위라고 생각할 수 있다. 이 감정은, 어떤 행위에 적용될 때 그 행위를 찬성하거나 반대하는 기준을 좌우하는 자질로서, 그 행위의 공리성을 찬성하는 감정을 말한다.

(여기서 이 모든 것은 똑같은 것을 의미한다)을 만들어 주거나 (이역시 똑같은 것인데) 손해, 고통, 악, 불행이 일어나는 것을 막아 주는 경향을 지닌 어떤 대상에도 들어 있는 속성을 뜻한다. 여기서 말하는 행복은, 만일 그 당사자가 일반 공동체라면 그 공동체의 행복이 될 것이고, 그 당사자가 특정 개인이라면 그 개인의 행복이 될 것이다.

4. 공동체의 이익은 도덕 용어에서 볼 수 있는 가장 일반적 표현 가운데 하나다. 다시 말해 이 말이 무의미하게 쓰이는 것은 전혀 이상한 일이 아니다. 이 말에 의미가 있다면, 그 의미는 이런 것이다. 공동체는 그 **구성원**으로 간주되는 개별 인간들로 이루어진 허구적 집단이다. 그러니 공동체의 이익이란 과연 무엇인가? 바로 그것을 구성하는 각각의 구성원들의 이익의 총합인 것이다.

5. 개인의 이익이 무엇인지 이해하지 못한 채 공동체의 이익에 관해 논하는 것은 부질없는 일이다.[3] 어떤 것이 한 개인의 쾌락의 총합을 증가시키는 경향이 있으면, 그것이 그 개인의 이익을 증진하거나 그 이익을 **위하여** 존재한다고 말할

---

3 '이익'은 어떤 상위의 유개념도 지니고 있지 않기 때문에 일상 어법으로는 정의될 수 없는 말 가운데 하나다.

수 있다. 또는 그 개인의 고통의 총합을 감소시키는 경향이 있다고 해도 마찬가지가 된다.

6. 그렇다면 하나의 행위는, 그것이 공동체의 행복을 감소시키기보다 증가시키는 경향이 크면, (공동체 전체와 관련된 의미로) 공리성의 원칙, 또는 간단히 말하자면 공리성에 부합하는 것이라고 말할 수 있다.

7. 정부의 정책은(이것은 특정 개인이나 개인들이 행하는 특정 종류의 행위일 뿐이다), 마찬가지로 그 정책이 공동체의 행복을 증가시키는 경향이 감소시키는 경향보다 크면, 공리성의 원칙에 부합하거나 따르는 것이라고 말할 수 있다.

8. 어떤 행위, 또는 특히 정부의 어떤 정책이 공리성의 원칙에 부합한다고 어떤 사람이 여기면, 논의의 목적을 위해 공리성의 법률이나 명령이라 불리는 일종의 법률이나 명령을 상상해 보고, 문제의 그 행위를 그러한 법칙이나 명령에 부합하는 것이라고 말하는 것이 편리할 수 있다.

9. 어떤 사람이 어떤 행위나 정책을 찬성하거나 반대할 때, 공동체의 행복을 증가시키거나 감소시킨다고 생각하는 경향에 비례하여, 다시 말해 공리성의 법률이나 명령에 부합하거나 부합하지 않는 것에 비례하여 결정한다면, 그는 공리성 원칙의 지지자라고 말할 수 있다.

10. 공리성의 원칙에 부합하는 행위에 관해 우리는 그것이 해야 할 행위라고 말하거나, 적어도 해서는 안 되는 행위는 아니라고 말할 수 있다. 또한 그 행위를 하는 것이 옳은 것이라고 말하거나 적어도 그 행위를 하는 것이 그른 것이 아니라고 말할 수도 있다. 이렇게 해석할 때, **해야 할**(ought), **옳은**(right), **그른**(wrong) 등등의 도장이 찍힌 말들이 의미를 갖게 된다. 그렇지 않으면 무의미한 말들이다.

11. 이 원칙의 올바름에 관해 이제껏 공식적으로 논의된 적이 있었던가? 이 문제는 자신들이 무슨 말을 해 왔는지 모르는 사람들에 의해 논의되었던 것 같다. 이 원칙의 올바름을 직접 증명할 방법이 과연 있을까? 그런 방법이 없는 것으로 생각하는 것이 당연하다. 왜냐하면 다른 모든 것을 증명하는 데 사용되는 것 그 자체를 증명할 수는 없기 때문이다. 증명의 사슬은 어딘가에 그 출발점이 있는 법이다. 그러한 증명은 불필요한 만큼이나 불가능하다.

12. 숨을 쉬는 사람치고 아무리 어리석고 비뚤어져 있는 사람이라 할지라도, 살면서 많은 경우 또는 대부분 경우에 공리성의 원칙을 따르지 않는 사람은 지금도 없고 과거에도 없었다. 인간 구조의 자연적 구성에 의해, 보통 사람들은 생애 대부분 경우에 이 원칙을 별 생각 없이 받아들인다. 자신

의 행위를 결정하기 위한 것이 아니라 할지라도, 다른 사람들의 행위뿐만 아니라 자기 행위의 옳고 그름을 가리기 위해 이 원칙을 받아들이는 것이다. 그런데 이와 동시에, 이 원칙을 순수하게 무조건 받아들이고 싶어 한 사람들은 가장 지성적인 사람들 가운데에서조차 그리 많지 않았다. 이 원칙을 어떻게 적용할지 항상 알 수는 없었기 때문이든, 깊이 따져 보기가 두렵거나 도저히 버릴 수 없었던 몇몇 편견 때문이든 간에, 이 원칙에 한두 번쯤 시비를 걸어 보지 않은 사람이 거의 없다. 인간은 본디 그렇기 때문이다. 원칙상으로든 실제에서든, 올바른 방향으로든 그릇된 방향으로든, 인간의 모든 자질 가운데 가장 찾아보기 힘든 것이 바로 일관성이다.

13. 인간이 공리성의 원칙과 싸워 보려고 하면, 자신은 깨닫지 못하지만, 바로 이 원칙 자체에서 도출한 근거를 가지고 싸우게 된다.[4] 그의 논증이 만일 무언가를 증명한다 하더

─────────────

4 "공리성의 원칙은 위험한 원칙이다. 어떤 경우 공리성의 원칙을 참고하는 것은 위험하다"(라는 말을 나는 들은 적이 있다). 이 말은 이렇게 말하는 것과 다름없다. "뭐라고? 공리성을 염두에 두는 건 공리성과 합치하는 게 아니야. 요컨대, 공리성을 염두에 두는 건 공리성을 염두에 두는 게 **아니야**." 1822년 7월에 저자가 덧붙인 내용.

　공리성의 원칙을 모든 것을 포괄하고 모든 것을 지배하는 특징을 지닌

원칙으로 본 『정부에 관한 단상』을 출간한 지 얼마 되지 않았던 1776년에, 위와 같은 취지의 논평을 한 사람이 있었다. 그는 **알렉산더 웨더번**이라는 이로, 당시에 법무 장관인가 법무 차관이었고, 나중에는 러프버러 경과 로슬린 백작이라는 상속 작위를 받고 민사 법원 수석 재판관(Chief Justice of Common Pleas)과 대법관(Chancellor of England)을 차례로 지낸 인물이다. 그의 말은 내가 직접 들은 것이 아니고 그의 말을 거의 곧바로 내게 전해 준 사람이 들은 것이다. 이 말은 자기모순이기는커녕 통찰력 있고 완벽하게 맞는 말이었다. 이 탁월한 공직자에 의해 정부의 상태가 완전히 파악되었다. 당시에 그는 잘 알려져 있지 않은 인물이었고, 탁월하다고 생각되지도 않았다. 이때까지 그의 연구는 아직 포괄적 시야를 가지고 헌법 분야에 적용된 적도 없었고, 따라서 영국 정부의 특징에도 반영된 바가 없었다. 그런데 그에 의해, 혜택 받는 소수의 최대 행복이 있건 없건 간에, 지배하는 **한 개인**의 최대 행복이 어떤 경우에도 정부 정책 방향의 유일한 목적이라는 것이 이제 아주 명백하게 보인다. **공리성의 원칙**은 당시에 채택된 하나의 명칭이었는데, 앞서 보았듯이 더욱 명료하고도 유익하게 **최대 행복의 원칙**이라는 이름으로 나타낼 수도 있었지만, 다른 사람들이 그랬던 것처럼 내가 채택한 말이었다. 그런데 웨더번은 "이 원칙은 위험한 원칙이다"라고 말했다. 이렇게 말함으로써 그는 어느 정도 엄밀한 진실을 말했다. 최대 다수의 최대 행복이 정부의 유일하게 **옳고** 타당한 목적이라고 단언하는 원칙, 이런 원칙이 어찌 위험한 원칙이 아니라 말할 수 있겠는가? 이 원칙은 의문의 여지 없이, 상대적으로 소수인 다른 일부 사람들을 덧보태건 않건 간에, 어떤 **한 개인**의 최대 행복을 실제 목적 또는 목표로 삼는 모든 정부에 위험한 것이다. 그 한 개인에게는, 상대적으로 소수인 다른 사람 각자가 아주 많은 하위 동업자들을 발판 삼아 이익에 한몫 끼도록 허용하는 것이 쾌락 또는 타협의 문제다. 따라서 공리성의 원칙은 웨더번 자신을 포함한 모든 공무원들의 이익, 그 사악한 이익에 참으로 **위험한** 것이었다. 왜냐하면 그들이 얻는 이익이란, 비용에서 뽑아낼 수 있는 이익을 챙기기 위해 사법 절차나 그 밖의 절차를 최대한 지연시키고, 성가시게 만들고, 비용을 많이 들게 해서 얻는 것이기 때문이었다. 최대 다수의 최대 행복을 목적으로 삼는 정부에서도 알렉산더 웨더번이 법무 장관이 되고, 그러고 나서 대라도, 그것은 이 원칙이 **그릇되었음**이 아니라, 그가 이 원칙이 적용된 것이라고 추측하는 사례들을 통해서 이 원칙을 **잘못 적용했음**을 증명하는 것일 뿐이다. 인간이 지구를 움직이는 것이 가능할까? 그렇다. 그러나 인간은 우선 자기가 딛고 설 또 다른 지구를 찾아내야 한다.

14. 논증을 통해 공리성 원칙의 타당성을 반박하는 것은 불가능하다. 그러나 앞에서 말한 원인들 때문에, 또는 이 원칙에 관한 혼란스럽거나 편파적인 관점 때문에 어떤 이가 이 원칙을 선호하지 않을 수는 있다. 이런 경우에, 만일 누군가가 이런 주제에 관한 자신의 견해를 결정하는 것이 수고할 가치가 있는 일이라고 생각한다면, 다음과 같은 단계를 밟게 하라. 그러면 결국 그는 이 원칙을 받아들일 수도 있다.

(1) 그가 이 원칙을 완전히 폐기하기를 원하는지 스스로 결정하게 하라. 만일 그렇다면, 그의 모든 추론이 (특히 정치 문제에서) 어떤 결론에 이르게 될지 깊이 생각해 보게 하라.

(2) 만일 그가 이 원칙을 폐기하고자 한다면, 아무 원칙도

법관이 되었을지도 모른다. 그러나 연봉 1만 3천 파운드를 받는 법무 장관이 되지는 못했을 것이고, 모든 재판에 거부권을 행사할 수 있는 귀족 작위와 연봉 2만 5천 파운드를 받으면서 유급 성직 및 기타 명목으로 한직 500개를 마음대로 이용할 수 있는 대법관은 되지 못했을 것이다.

지니지 않은 채 판단하고 행동할 것인지, 아니면 판단하고 행동할 어떤 다른 원칙이 있는지 스스로 결정하게 하라.

(3) 만일 그런 원칙이 있다면, 그가 발견했다고 생각하는 그 원칙이 참으로 독립되어 있으면서도 이해 가능한 원칙인 지, 아니면 그저 말뿐인 원칙, 즉 실제로는 그저 자신의 근거 없는 감정에서 나온 주장을 표현하는 문구가 아닌지, 다시 말해 다른 사람이 그렇게 하면 그가 변덕이라고 부르기 십 상인 것이 아닌지, 스스로 심문하고 납득하게 하라.

(4) 만일 그가 결과와 상관없이 어떤 행위에 관한 관념과 결부하여 그 행위를 찬성하거나 반대하는 것이 자신의 판단 과 행위의 충분한 토대라고 생각하는 경향이 있다면, 그의 감 정이 다른 모든 사람에게도 옳고 그름의 기준이 될 수 있는 지, 아니면 모든 사람 각자의 감정 또한 그 자체로 하나의 기 준이 되는 똑같은 특권을 지니는 것인지 자문해 보게 하라.

(5) (4)의 첫 번째 경우라면, 그의 원칙이 다른 모든 인간 에게 횡포를 부리며 적대하는 것은 아닌지 자문하게 하라.

(6) 두 번째 경우라면, 그것이 바로 무정부 상태가 아닌가, 따라서 이래 가지고는 사람들의 수만큼이나 많은 옳고 그름 의 기준이 있게 되는 것은 아닌가? 그리고 정신이 멀쩡한 사 람에게도 똑같은 것이 오늘은 옳은 것이었다가 (본질에 아무

변화가 없는데도) 내일은 그른 것이 될 수도 있지 않은가? 또한 그 똑같은 것이 똑같은 시간 똑같은 장소에서 옳기도 하고 그르기도 한 것으로 되지 않는가? 그렇다면 그 어떤 경우에든, 모든 토론이 끝나 버리지 않겠는가? 그러니 두 사람이 "나는 이게 좋아"라거나 "나는 이게 싫어"라고 말하면, (그런 원칙 위에서) 더 이상 무슨 말을 할 수 있겠는가?

(7) 만일 그가 위의 물음에 스스로 답한다면, 그 답은 '아니요'일 것이다. 그가 기준으로 제시하는 그 감정은 반성에 근거한 것이어야 하니, 그 반성이 어떤 세목들에 관한 것인지 말해 보게 하라. 만일 그 반성이 그 행위의 공리성과 관련된 세목들에 관한 것이라고 말한다면, 그것이 그 자신의 원칙을 버리는 것은 아닌지, 또한 그가 세우려는 것에 정반대되는 원칙을 빌리는 것이 아닌지, 혹은 만일 그 반성이 행위의 공리성과 관련된 세목들에 관한 것이 아니라고 말한다면, 도대체 다른 무슨 세목들을 반성한다는 것인지 말해 보게 하라.

(8) 만일 그가 이 문제를 더 복잡하게 만들면서, 일부에는 자신의 원칙을, 일부에는 공리성의 원칙을 채택하고자 한다면, 그가 공리성의 원칙을 어느 범위까지 채택할 것인지 말해 보게 하라.

(9) 그가 공리성 원칙의 채택 한계를 결정했다면, 그 범위까지 채택하는 것을 스스로 어떻게 정당화할 수 있는지, 그리고 왜 더 이상의 범위에는 채택하지 않으려 하는지 자문하게 하라.

(10) 공리성 원칙이 아닌 다른 어떤 원칙을 옳은 원칙으로, 인간이 따라야 할 옳은 원칙으로 받아들인다면, 그리고 **'옳은'** 이라는 말이 공리성과 아무 상관없이 의미를 지닐 수 있다는 것을 (즉 참이 아닌 것을) 받아들인다면, 인간이 그 원칙의 명령을 따르기 위해 가질 수 있는 **동기** 같은 것이 과연 있기는 한 것인지 말해 보게 하라. 만일 있다고 한다면, 그 동기가 무엇인지, 또한 그것은 공리성의 명령을 따르게 하는 동기들과 어떻게 구별될 수 있는지 말해 보게 하라. 만일 없다고 한다면, 마지막으로 이 다른 원칙이 과연 무엇에 쓸모가 있는지 말해 보게 하라.

2장 공리성의 원칙을 거스르는 원칙에 관하여

1. 만일 공리성의 원칙이 우리를 지배하는 옳은 원칙이라면, 그것도 모든 경우에 그렇다면, 방금 살펴본 바로부터 공리성의 원칙과 다른 원칙은 어떤 경우에든 필연적으로 그른 원칙이라는 결론이 나온다. 그러므로 다른 어떤 원칙이 그른 원칙임을 증명하기 위해서는 그것을 있는 그대로, 다시 말해 그 원칙의 명령이 공리성의 원칙이 명령하는 것과 이러저러한 점에서 다르다는 것을 보여 주기만 하면 된다. 그 원칙을 명확히 보여 주는 것이 곧 그 원칙을 논박하는 셈이 되는 것이다.

2. 하나의 원칙은 두 가지 방식으로 공리성의 원칙과 다를 수 있다. (1) 공리성의 원칙에 항상 대립하는 것으로, 이것은 **금욕주의**⁵의 원칙이라고 부를 수 있는 경우이다. (2) 우연찮

---

5 '금욕주의자(ascetic)'라는 말은 때때로 성직자에게 적용되어 온 용어다. 이 용어는 **수행**(exercise)을 뜻하는 그리스어에서 온 것이다. 수사들이 다른 사람들과 자신을 구별하기 위해 하는 행위를 수행이라고 불렀다. 이 수행에는 그들이 스스로를 괴롭히기 위해 고안해낸 수많은 행위가 있었다. 그들은 이 행위들을 통해 신에게 잘 보일 수 있다고 생각했다. 신은 무한한 자비심을 지닌 존재이기 때문이라는 것이 그들의 말이었다. 가장 범상한 자비심을 지닌 존재일 경우에나, 다른 사람들이 가능한 한 그 자신들을 행복하게 만드는 것을 보고 즐거워하는 것이니, 우리가 할 수 있는 한 자신을

21

게 때로는 공리성의 원칙에 대립하기도 하고 때로는 대립하지 않기도 하는 것으로, 이것은 **공감**과 **반감**의 원칙이라고 부를 수 있는 경우다.

3. 금욕주의 원칙이란, 공리성의 원칙과 마찬가지로 이해 당사자의 행복을 증가시키거나 감소시키는 것으로 보이는 경향에 따라서 어떤 행위를 찬성하거나 반대하는 원칙이다. 그러나 그 방식은 정반대여서, 그 행복을 감소시키는 경향이 있을 때에만 그 행위를 찬성하고, 그 행복을 증가시키는 경향이 있을 때에는 그 행위를 반대하는 원칙이다.

4. 어디서 연유하는 것이든 아무리 자잘한 엄밀한 의미

불행하게 만드는 것이야말로 신을 즐겁게 해 드리는 방법이라는 것이다. 만일 누군가가 그들에게 이 모든 일을 행하는 동기가 무엇이냐고 묻는다면, 그들은 이렇게 말할 것이다. "이봐! 우리가 아무 대가 없이 우리 자신을 벌하고 있다고 넘겨짚지 말라고. 우리는 우리가 무슨 일을 하는 것인지 아주 잘 알고 있어. 지금 우리가 치르는 고통의 낱알 하나하나의 대가로 머지않아 그 수백 배 쾌락의 곡식을 수확하게 될 것을 자네는 알아야 해. 사실은, 신께서 우리가 지금 우리 자신을 괴롭히는 모습을 보고 싶어 하신단 말이야. 사실 신께서 이제껏 우리에게 그렇게 말씀하신 것이나 다름없지. 그러나 이건 우리를 단지 시험하기 위한 것, 우리가 어떻게 행동하는지 그저 알아보기 위한 것이야. 이건 실험을 해 보지 않고는 신도 알 도리가 없는 것임이 분명해. 그러니, 우리가 현생에서 우리 자신을 가능한 한 불행하게 만드는 것을 보시게 함으로써 신께 드리는 만족감을 통해서, 신이 내생에서 우리를 가능한 한 행복하게 만듦으로써 얻으시게 될 만족감의 확실한 증거를 얻게 되는 거란 말씀이야."

의 모든 쾌락조차 비난하는 사람은 누구든 **그만큼** 금욕주의 원칙의 지지자임이 분명하다. 극악무도한 자가 그 범죄로부터 거둔 가장 추악한 쾌락조차, 만일 그런 쾌락이 독립적으로 존재한다 할지라도, 공리성의 원칙을 통해서가 아니라 금욕주의 원칙을 통해서 배척당할 것이다. 실제로는, 그런 쾌락은 독립해서 존재하지 않으며, 그 고통과 비교할 때 쾌락은 아무것도 아닐 만큼의 일정량의 고통(또는, 같은 말이지만, 일정량의 고통을 겪게 될 가능성)이 반드시 뒤따르게 된다. 또한 이것이 바로 그 범행을 처벌하는 참되고 유일하면서도 완벽하게 충분한 이유다.

5. 금욕주의 원칙을 신봉해 온 것으로 생각되는 아주 상이한 성질의 두 인간 부류가 있는데, 하나는 도덕주의자 집단이고 다른 하나는 종교주의자 집단이다. 이 서로 다른 분파가 금욕주의 원칙에 관심을 갖게 된 동기도 그만큼 서로 달랐던 것 같다. 쾌락에 대한 예상인 희망, 즉 철학적 긍지의 양식이자, 인간의 손에 달린 명예와 평판을 예상하는 희망이 도덕주의자 분파를 고무해 온 것 같다. 다른 한편, 고통에 대한 예상인 공포, 즉 미신적 환상의 산물로서 심술궂고 복수심에 가득 찬 신에게 장차 벌을 받게 될 것이라는 공포가 종교주의자 분파에게 활력을 불어넣어 온 것 같다. 나는

이 경우의 공포에 관해 이렇게 말하겠다. 알 수 없는 미래에 관해서는 공포가 희망보다 더 강력하다. 이러한 상황이 동일하게 금욕주의 원칙을 지지하는 이 두 분파의 특징을 결정짓는다. 이렇게 분파와 동기는 다르지만 그 원칙은 똑같다.

6. 그러나 종교주의 분파가 철학적 분파보다 금욕주의 원칙을 더 깊이 따른 것처럼 보인다. 그들은 철학적 분파보다 더 일관되지만 덜 지혜롭게 행동해 왔다. 철학적 분파는 쾌락을 배척하는 것 이상으로 나아간 적이 거의 없었다. 그러나 종교적 분파는 고통을 자초하는 것을 공적과 의무의 문제로 삼을 만큼 멀리 나아가는 일이 자주 있었다. 철학적 분파는 고통을 대수롭지 않은 문제로 여기는 것 이상으로 나아가는 일이 거의 없었다. 이들은 고통이 악은 아니라고는 말했지만 좋은 것이라고 하지도 않았다. 이들이 모든 쾌락을 싸잡아 배척한 적은 없었다. 이들은 자신들이 천한 것이라고 부르던 것, 다시 말해 생물적 쾌락이나 생물적 쾌락에서 쉽게 기원을 찾을 수 있는 쾌락만을 버렸다. 이들은 심지어 세련된 쾌락을 귀중히 여기고 숭상하기도 했다. 하지만 그럼에도 이런 것을 쾌락의 이름으로 행하지는 않았다. 불순한 기원을 가진 때를 깨끗이 씻어 내기 위해서는 그 이름을 바꾸어야 했다. 그것은 명예로운 것, 영광스러운 것, 훌륭

한 것, 적절한 것, **정직한 것**(honestum[6]), **단정한 것**(decorum[7])으로 불려야 했다. 요컨대 쾌락만 아니면 되는 것이었다.

7. 대다수 인간의 정서를 금욕주의 원칙으로 물들인 학설이나 교리가 이 두 원천에서 흘러나왔으니, 일부는 철학적 원천에서, 일부는 종교적 원천에서, 일부는 양쪽 모두에서 흘러나왔던 것이다. 교육을 받은 사람들은 철학적 원천에서 나온 학설에 더 자주 영향 받았는데, 이 학설이 그들의 고상한 감정에 더 적합했기 때문이다. 일반 대중은 미신적 원천에서 나온 교리에 더 자주 영향 받았는데, 지식을 넓히지 못하여 지성이 편협한 데다가 비참한 상태에 놓여 있으면서 끊임없이 공포의 공격에 시달리는 이들에게 이 교리가 더 잘 맞은 것이다. 그러나 이 두 원천으로부터 나온 색조들이 자연스럽게 뒤섞여서, 어떤 사람이 두 원천에서 흘러나온 색조 가운데 자신이 어느 것에 지배적으로 영향을 받는 것인지 항상 알지는 못했다. 게다가 그 둘은 종종 서로를 보강해 주고 서로에게 활기를 불어넣어 주곤 했다. 다른 면에서는 겉모습이 그토록 서로 다른 분파 사이에 일종의 연합

---

6 호네스툼(honestum): 도덕적 선. -역주

7 데코룸(decorum): 상황에 맞는 모습과 언행. -역주

이 이루어지도록 만든 것이 바로 이 유사성이었다. 또한 바로 이 유사성 때문에, 그들은 자신들이 에피쿠로스파라는 역겨운 이름으로 싸잡아 낙인찍은, 공리성 원칙의 지지자라는 공통의 적에 대항하여, 다양한 경우에 연합한 것이었다.

8. 그러나 금욕주의 원칙은 그 지지자들에 의해 사적 행위의 규율로는 아무리 열렬히 받아들여졌다 할지라도, 정부 사업에서는 별로 관철되지 않은 것 같다. 몇몇 경우에는 이 원칙이 철학적 분파에 의해 조금은 실행되었다. 스파르타의 통치 방식을 보라. 그러나 당시에는 아마도 금욕주의 원칙이 안보 정책으로 간주되었을 것이다. 또한, 무모하고도 왜곡된 적용이었지만, 공리성의 원칙을 적용한 것으로 볼 수도 있다. 종교적 분파에 의해 상당한 정도로 적용된 사례는 거의 찾아볼 수 없다. 왜냐하면 다양한 수도회와 퀘이커교도, 덤플러교도(Dumplers)[8], 모라비아교도를 비롯한 종교

---

8 덤플러교도(Dumplers): 미국 건국 초기에 한 독일 출신 은둔자에 의해 필라델피아 인근에서 시작된 명상 중심 금욕주의 교단의 사람들.
The New Annual Register, or General Repository of History, Politics, and Literature, for the Year 1789 to which is prefixed, the History of Knowledge, Learning , and Taste, in Great Britain, during Part of the Reign of Queen Elizabeth 〈https://books. google.co.kr/books?id=dg4NAAAAYAAJ&pg=RA2-PA73&lpg=RA2-PA73&dq=dumplers&source=bl&ots=9B-nqfRIhl&sig=4XNv9OW_fI G5LwX9ENBCM7ulEro&hl=ko&sa=X&ved=0ahUKEwjZvYi09IbZAh

주의자들의 사회는 어떤 사람도 그 자신의 동의 없이는 속박당하지 않는 자유로운 사회였기 때문이다. 어떤 사람이 자기 자신을 불행하게 만드는 일이 공적일 수 있다고 생각한 적이 있었을지는 모르지만, 다른 사람을 불행하게 만드는 일이 의무는 고사하고 공적이라고 그들 중 누구도 생각한 적은 없었던 것 같다. 만일 일정량의 불행이 그렇게 바람직한 것이라면 그것이 각자 자기 자신에게 가한 것인지 아니면 어떤 사람이 다른 사람에게 가한 것인지는 별로 문제가 되지 않는데도 말이다. 종교주의자들 사이에서 금욕주의 원칙에 대한 집착이 일어났을 때와 똑같은 원천으로부터, 다른 사람을 매개로 하여 어떤 사람에게 막대한 고통을 끼치는 교리와 관행이 흘러나온 것은 틀림없다. 성전(holy wars)과 종교 박해를 보라. 그러나 이런 경우에 나타난 불행 만들기의 열정은 어떤 특별한 근거 위에서 발휘되었다. 이런 박해는 특정 개인들에게만 가해졌던 것이다. 그들은 그냥 사람으로서가 아니라 이교도와 무신론자라는 이유로 고문을 당했다. 같은 신앙을 가진 이들이나 같은 종파 사람들에게 이

XINpQKHRTKCGIQ6AEIVzAM#v=onepage&q=dumplers&f=false〉, (2018. 2. 3). −역주

같은 고통을 가하는 것은, 공리성 원칙의 지지자들과 마찬가지로 이 종교주의자들 눈에도 비난받을 만한 일로 보였을 것이다. 왜냐하면 한 인간이 자기 자신에게 일정한 횟수의 채찍질을 가하는 것은 참으로 갸륵한 일일지 모르나, 동의하지 않는 타인에게 같은 횟수의 채찍질을 가하는 것은 죄가 되었을 것이기 때문이다. 자기 영혼의 선함을 위하여, 그리고 육체의 고행을 위하여 스스로 해충의 먹이가 되었다는 성인들의 이야기를 읽어 본 적이 있을 것이다. 그러나 이런 부류의 많은 개인들이 제국의 권력을 휘둘렀지만, 그들 중 누구도 국가를 노상강도나 주거 침입자 또는 방화범 족속으로 채울 작정으로 열심히 일을 하고 일부러 법률을 만들었다는 이야기는 읽어 보지 못했을 것이다. 만일 어느 시대든 종교주의자들이 나라를 게으른 연금 수령자나 쓸모없는 공무원 무리의 먹이가 되게 내버려 둔 일이 있었다면, 그것은 국민을 억압하고 착취하기 위한 어떤 결정된 계획 때문이라기보다는 태만과 우둔함 때문이었다. 만일 어느 시대든 그들이 상업을 저해하고 국민을 외국으로 이주시켜 국부(national wealth)의 원천을 약화시킨 일이 있다면, 그것은 금욕주의가 아닌 다른 의도나 추구하는 목적에서 이루어진 일이었다. 만일 그들이 쾌락의 추구와 부의 사용을 통렬히

규탄한 적이 있다 할지라도, 그것은 대개 말로 그치는 규탄
이었다. 그들은 리쿠르고스(Lycurgus)[9]처럼 귀금속을 추방할
목적의 명시적 법령을 만들지는 않았다. 만일 그들이 법률
로 게으름을 조장한 바가 있었더라도, 그것은 악덕과 불행
의 어머니인 게으름 그 자체가 미덕이어서가 아니라, (그들이
말하기를) 게으름이 성스러움에 이르는 길이기 때문이다. 만
일 그들이 단식이라는 개념을 동원하여, 일부 사람들은 가
장 영양가 있고 풍족한 음식을 제공하는 것이라고 생각하
는 어떤 규정된 식단(diet)에 자기 백성들을 몰아넣는 계획
에 동참한 적이 있다면, 그것은 백성들을 그 규정된 식단을
제공하는 국가에 공물을 바치는 사람들로 만들기 위해서가
아니라, 자신의 권력을 과시하고 국민을 복종케 하기 위한
것이었다. 만일 그들이 독신 생활 위반에 대한 처벌 제도를
수립했다든가 수립하게 내버려 둔 일이 있다면, 그것은 지배
자의 야심만만하고 음험한 정책에 속아 가장 먼저 스스로
그 쓸데없는 의무를 지키겠다고 맹세한, 미혹에 빠진 엄숙
주의자들의 간청을 들어준 것일 뿐이다.

　9. 금욕주의 원칙은 본래, 어떤 상황에서 얻은 특정 쾌락

---

9 리쿠르고스(Lycurgus): 기원전 9세기 스파르타의 전설적 입법자. -역주

은 장기적으로 보면 그 쾌락 이상의 고통을 수반한다고 인식하거나 상상해서, 쾌락이라고 불리는 모든 것과 싸움을 한 일부 경솔한 사색가들의 몽상이었던 것 같다. 그들은 여기까지 와서 출발 지점을 잊어버리고는, 그 잘못된 방향을 계속 밀어붙여 결국은 고통과 사랑에 빠지는 것이 가치 있는 일이라고 생각하는 데까지 나아가고 말았다. 그런데 이조차, 우리가 보기에는 사실 잘못 적용된 공리성의 원칙일 뿐이다.

10. 공리성의 원칙은 일관되게 추구할 수 있는 것이다. 또한 이 원칙을 일관되게 추구하면 할수록 틀림없이 그것이 인류에게 유익한 것이라고 말하는 것은 동어반복일 뿐이다. 금욕주의 원칙은 그 어떤 생명체도 일관되게 추구한 적이 없고 지금도 추구할 수 없는 것이다. 이 지구상에 사는 존재 중 10분의 1만이라도 금욕주의 원칙을 일관되게 따르게 해보라. 그러면 그들은 하루 만에 지구를 지옥으로 만들어 놓을 것이다.

11. 오늘날 공리성의 원칙은 정부의 일에 가장 큰 영향력을 미치는 것으로 보이는데, 이 원칙을 거스르는 원칙들 가

운데 공감과 반감의 원칙[10]라 부를 수 있는 원칙이 있다. 내

10 아래의 주는 1789년 1월에 처음 인쇄되었다.

이 원칙은 보다 폭넓은 의미로 **변덕**의 원칙이라고 부르는 편이 마땅했다. 이 원칙이 명령이나 금지, 보상이나 처벌의 대상이 되는 행위들의 선택에 적용되는(한마디로 의무 부과의 책임 주체가 되는) 경우에는, 위에 소개한 것처럼 **공감과 반감**의 원칙이라고 부르는 게 참으로 적절할 수 있다. 그러나 이런 명칭은 **권리**에 관한 **자격**의 원천이 되는 사건의 선택에 적용될 경우 그리 적절하지 않은 것이다. 금지되거나 허용되는 행위의 경우, 즉 의무와 권리가 이미 고정되어 있는 경우 제기되는 유일한 문제는 다음 두 가지다. 어떤 상황에서 어떤 사람이 권리를 부여받거나 의무에 종속되는가? 어떤 사건들 때문에 어떤 사람에게 권리를 부여하거나 부여하지 않는, 또는 그 사람을 의무에 종속시키는 경우가 생기는가? 후자의 경우 공감과 반감의 원칙은 **공상의 원칙**이라는 이름으로 그 특징을 더 잘 **표현**할 수 있을 것이다. 공감과 반감은 **감각**(sensible) 능력에서 나온 애착이다. 그러나 **권리**와 관련된, 특히 소유권과 관련된 **자격**을 공리성과 무관한 근거 위에서 선택하는 것은 많은 경우 애착이 아니라 상상력의 소산이었다.

어떤 경우에는 부친에 우선해서 숙부가 상속하도록 명하는 영국 보통법의 한 조항을 정당화하면서 코크 경(Lord Coke: Sir Edward Coke(1552-1634). 영국의 법률가. 1628년 권리청원(Petition of Right)을 주도했음. -역주)이 권리들 가운데 찾아낸, 직계가 상속권을 자동으로 갖지 못하게 하는 지루한 문장을 제시한 것은, 특별히 숙부를 **사랑**하거나 부친을 **증오**해서가 아니었다. 코크 경이 그렇게 한 것은 한 가지 이유 때문이 아니라 그의 상상력이 그런 비유를 제공했기 때문이다. 또한 애착이 문제 되지 않는 경우에는 상상력이 공리성의 기준을 지키지 않거나 그 기준을 고려하는 기술에 익숙지 않은 판단으로 인도하는 유일한 안내자이기 때문이기도 하다.

"권한을 위임받은 자는 그 권한을 다시 위임할 수 없다(Delegatus non potest delegare)"라는 명제를 법규로 만든 천재 문법학자가 누구인지는 내가 알지 못하지만, 그 문법학자가 2차 대리인에게 반감을 가졌다거나, 집에 관리인이 없어서 예기치 못한 사고로 자신이 아끼는 물건을 잃어버린 어떤

여행자에게 닥칠 재난을 상상해 보는 것이 그 문법학자에게 쾌락이 된 것은 분명 아니다. 즉 **능동태**와 **수동태**만큼이나 상반되는 대상들에 동일한 법을 적용하는 것은 매우 모순된 것이지만, '−atus'와 '−are'는 상반될 뿐만 아니라 일치하기도 한다.

(언제 생겨났는지, 누가 만들었는지도 모를 뿐만 아니라, 적용 범위도 규정되지 않은) 이 냉혹한 금언이 벵골 정부를 위해 영국에서 수입되고 소급 재판의 광풍으로 전체 사법 체계가 붕괴되었지만, 무고한 행정관들이 감옥에서 비명횡사할 수도 있다는 예상이 그들을 비참한 신세로 만들고도 태연자약한 장본인들에게 어떤 즐거움을 준 것은 분명 아니었다. 오히려 이 금언의 음향이 모든 상상력을 빨아들이고 상식의 명령과 인간애의 울부짖음을 압도해 버렸다.(*) '**하늘이 무너져도 정의를 세우라**(Fiat justitia, ruat cœlum)'는 말은 조화로 충만한 만큼이나 과장으로 충만한 또 하나의 금언이다. 하늘이 무너지게 해서라도 정의만 세우면 된다는 말이다. 그런데 하늘이 무너지는 것에 비하자면, 왕국이 무너지는 게 무슨 대수인가?

또한 내가 알지 못하는 로마 현인의 지혜로부터 영감을 받은 프러시아의 대법관이 독일인들의 귀를 교화하기 위해 유창한 라틴어로 "**역권**(役權: 일정한 목적을 위하여 타인의 물건을 이용하는 물권 −역주)의 **역권은 성립하지 않는다**(Servitus Servitutis non datur)"[Cod. Fred. tom. ii. par. 2. liv. 2. tit. x. §6. p. 308.]고 선언했지만, 그것은 자신의 재임 기간 중에 이웃에게 길이나 물 사용의 권리를 주고자 하는 종신 권리 보유자나, 그 은혜를 받아들이기를 원하는 그 이웃에게 반감을 품었기 때문은 아니었다. 단지 그 대법관의 귀에는 −tus와 −tutis가 −atis와 −are 못지않게 아름다운 소리로 들렸기 때문이다. 이 금언의 음률이 그 법규를 만든 실제 이유였는지는 논란의 여지가 없다. 왜냐하면 이 법조문이 그 이유를 예고하는 접속사 quia로 시작되기 때문이다. 즉 "**역권의 역권은 성립하지 않기 때문이다**(quia servitus sevitutis non datur)."

이 두 사례 중 어느 경우에도, 상대편 법 조항이 동일한 음률을 만들어 내지도 못했을 것이고, 사실 비슷한 음률을 요구하지도 못했을 것이다. 보다 특수한 규칙이 독립해서 존재할 수 있는 것은 그것이 일반 규칙에 순응하여 흡수되는 경우가 아니라 일반 규칙에 대립하는 경우뿐이다. "권한을 위임받은 자는 그 권한을 다시 위임할 수 있다(Delegatus potest delegare)"
와 "역권의 역권은 성립한다(Servitus servitutis datur)"는 이미 일반 계약 체
결에 포함되는 법 조항들이어서 그것들의 강력한 부정형과 비교하면 맹탕
으로 들리기 때문에 이해하고 기억할 필요가 없었을 것이다.

열심히 탐구해 본다면, 조화의 여신이 율법의 여신 테미스의 통치에 끼
친 영향력이 테미스에 관해 연구하고 쓰는 가장 부지런한 역사 편찬자나
가장 열렬한 찬양자들이 알고 있는 것보다 훨씬 크다는 것이 밝혀질 것이
다. 오르페우스의 지원을 받아 테미스가 어떻게 최초로 왕권의 영향력 아
래로 인간의 아들들을 불러 모았는지는 모든 이가 알고 있다. 하지만 사람
들은 아직도, 그녀가 왕권을 올바른 방향으로 인도하기 위하여 얼마나 열
심히 노력했는지를 끊임없는 경험 속에서 배워야 할 것 같다. 악보의 마디
번호들이 법의 초창기 언어였다는 것은 누구나 안다. 그러나 그것이 법의
성숙기에 얼마나 전제적 지배력을 행사했는지를 주목한 사람은 아무도 없
는 것 같다. 특히 영국의 법체계에서 법과 음악의 관계는, 비록 스파르타의
법률에서보다는 덜 감지된다 할지라도, 아마도 그 못지않게 실제적이고 밀
접하다. 관공서의 음악은 똑같은 종류는 아닐지라도 극장의 음악 못지않
게 나름대로 음악적이다. 다만 가슴을 부드럽게 만들기보다는 단단하게 만
드는 음악이며, 낭랑하게 울려 퍼지는 카덴차(cadence: 악곡이 끝나기 직전
에 독주자나 독창자가 연주하는, 기교적이며 화려한 부분-옮긴이)라기보다는, 길
게 늘어지는 소스테누토(sostenuto: 악보에서 소리를 충분히 끌면서 음을 그대
로 지니고 연주하라는 말-옮긴이)일 뿐이다. 그것은 극장의 음악만큼 세상에
널리 퍼지지 않고 덜 한정되어 있지 않다 하더라도 일정한 규칙을 따른다.
수색 기소, 고소장, 고등법원 소송 절차, 양도증서 등등에서, 당신이 어떤
침해가 진리나 상식에 반하는 것을 찾아낸다 할지라도, 조화의 법에 반하
는 어떤 것도 발견하지 못할 것이다. 이러한 성질이 성직에서 칭송 받아 왔
다지만, 영국 국교회의 기도서는 영국 국회법에서 흔히 발견할 수 있는 것
보다 더 큰 정도의 이러한 조화의 성질을 지니고 있지 못하다. 존엄성, 단순
성, 간결성, 정확성, 명료성, 유지 가능성 또는 그만큼의 이해 가능성 등, 모
든 것이 조화에 굴복한다. 수많은 서적과 서가가, 이 만족을 모르는 권력자
에게 바치는 제물로 채워질 수 있다. 그리스 시에서 테미스의 신하 노릇을

하는 허사들이, 형태와 양은 다르지만 영국 법률에서도 그 못지않게 빈번히 나온다. 전자에서는 그것들이 단음절어이고(**), 후자에서는 그것들이 온전한 행들로 되어 있다.(***)

공감과 반감의 원칙으로 되돌아가자. 이 용어는 공평무사하다는 이유로 처음에는 **변덕의 원칙**보다 더 선호되었던 용어다. 위에서 보듯 너무나 협소한 관점에서 이러한 명칭을 선택한 것은, 내가 이 원칙이 형사법 분야와 긴밀히 연관되어 있다는 것을 알았을 뿐, 당시에는 민사법 분야로 시야를 확장하지 못했기 때문이다. 민사법 분야를 보게 되면, 우리는 적어도 형사법 분야에서의 **공감과 반감**의 원칙만큼이나 거대한 모습의 **공상의 원칙**을 거기서 발견하게 될 것이다.

코크 경의 시대에는 아직 공리성의 빛이 보통법의 얼굴을 비추었다고 말할 수 없다. 만일 그 모든 면에서 완벽한 체계의 동료 지도자들처럼 그 위대한 법률가가 보여 준 약 20개 주제 목록에서 **불편의 논증**(argumentum ab inconvenienti)이라는 이름으로 나타나는 희미한 공리성의 빛줄기가 발견된다면, 브루투스와 카시우스가 축출되었기 때문에 그들의 지위가 주목받은 것과 마찬가지로, 그런 식으로 공리성의 원칙을 받아들인 것 자체가 사실은 그것을 대수롭지 않게 여겼다는 확실한 증거다. '불편의 논증'은 맨 앞이나 맨 뒤에 위치해 있지도 않고, 어떤 명예로운 자리에 위치해 있지도 않으며, 아무런 특별한 언급도 없이 20개 항목들 중간쯤에 대충 구겨 넣어져 있다.[Coke, Littleton, 11. a.] 더구나 이 라틴어 inconvenienti는 영어 incovenience와 똑같은 말도 아니다. 이 말은 **해악**(mischief)과도 차이가 있다. 또한 저속한 사람들이 그것을 해악보다 덜 나쁜 것이라고 여기기 때문에 배운 사람들은 그것을 해악보다 더 나쁜 것이라고 말한다. 칭송받는 어느 금언에 따르자면, "**법은 불편보다 해악을 택한다.**" 이 금언은 아무것도 말해 주는 것이 없다 보니, 칭송을 많이 받으면 받을수록 더 잘 이해되는 것처럼 여겨진다.

이것은 공리성의 명령과 보통법의 시행 사이에 무슨 공공연한 대립이 있다는 말이 아니고, 언제나 대립이 있다는 것은 더더욱 아니다. 그러한 항구성은 금욕주의의 열정에서도 유지할 수 없는 것임을 이미 확인했다(이 장 10절을 보라). 때때로 본능은 어쩔 수 없이 인간을 배신하여 이성의 경로에 팔아넘길 것이다. 본능은 아무리 꼼짝 못하게 해도 교육으로 결코 죽일 수 없다. '서로 대립하며 다투는 비유들'을 한데 모은 재료로 짠 거미집처럼 케케묵은 생각은 합리적 원칙이 말없이 당기는 힘에 의해 계속해서 망가지지 않을 도리가 없다. 설령 그것이 바늘이 자석에 끌리는 것처럼 양심이 모르게 은밀히 이루어진다 하더라도 말이다.

* 1822년 7월에 저자가 덧붙인 주석.

덧붙이자면, 이슬람법과 기타 토착법의 나쁜 제도는 어쨌든 강제로 폐지되어 영국 판례법이라는 적용 불가능하고 더욱 해로운 제도에 자리를 내주었지만, 코크 경의 공범자인 헤이스팅스 총독은 이런 파괴의 도구를 들여온 임페이의 호주머니 속에, 법으로 정해져 있어서 관례로 그에게 퍼준 연봉 8000파운드에다가 매년 불법적인 돈 8000파운드를 더 집어넣어 주었다. 제임스 밀의 『영국령 인도사』에서 이 거래에 관한 설명을 보라.

동인도회사의 임원과 소유주들의 투표에 의해 헤이스팅스 총독을 기리는 동상이 세워지고 있다. 이 동상에는 이런 문구를 새겨야 할 것이다. **우리 주머니에 돈만 넣어 준다면, 우리는 어떤 폭정도 숭배 못 할 것이 없다.**

이 극악무도한 자의 동상과 나란히, 긴 관복을 입은 공범자의 동상, 즉 전자가 후자의 손에 뇌물을 건네는 동상을 세워야 한다. 그런데 수억 명의 힌두교도와 이슬람교도들이 전자의 건립 비용을 내고, 웨스트민스터 홀에서 후자의 비용을 내야 할지도 모른다.

부여된 권한으로 정의를 밀거래하고 왜곡한 자들은 그들이 700만 영혼들의 아일랜드에 저질렀던 악행을 수억 명이 사는 힌두스탄에 저질렀다. 이것은 놀랄 만한 일이 아니다. 놀랄 만한 일은, 그런 제도 아래에서도, **영국 판례법**에 의해 자신들이 저지를 수밖에 없는 불의, 그리고 그 때문에 자신들이 야기할 수밖에 없는 불행을 보고 건강과 휴식을 빼앗기는 사람들을 비록 극소수나마 발견할 수 있다는 사실이다. 내 앞에 놓여 있는 1819년 9월 1일자 영국령 힌두스탄의 어느 판사의 편지를 보라. 나는 그의 이름을 밝힘으로써 그의 정직함에 잔인한 보답을 하지는 않을 것이다. 사실 이미 간행된 하원 공식 문서 때문에 그럴 필요가 거의 없다.

** 그러나(Μεντοι), 적어도(γε), 이제(νυν), 등등.

*** "또한 전술한 판례에 의해 다음과 같이 규정한다." "단, 이로써 다음과

가 말하는 공감과 반감의 원칙이란, 어떤 행위가 이해 당사자의 행복을 증가시키거나 감소시키는 경향이 있어서가 아니라, 단지 어떤 사람이 찬성하거나 반대하고 싶은 마음이 들기 때문에 그 행위를 찬성하거나 반대하는 원칙을 뜻한다. 다시 말해 찬성이나 반대를 그 자체만으로 충분한 이유로 제시하면서 어떤 외적 근거도 찾을 필요가 없다고 말하는 원칙이다. 도덕이라는 일반 분야에서는 이 정도로 충분하고, 정치라는 특정 분야에서는 반대의 정도에 따라서 형량을 매기면(그리고 형량의 근거를 결정하면) 된다는 것이다.

12. 공감과 반감의 원칙은 실재하는 원칙이라기보다 명목상의 원칙임이 분명하다. 즉 그 자체로서 어떤 긍정의 원칙이 아니라, 모든 원칙의 부정을 보여 주기 위해 채택된 용어다. 우리가 어떤 원칙에서 찾아낼 것을 기대하는 것은, 찬성과 반대라는 내적 감정을 정당화하고 인도하는 수단으로서 어떤 외적인 이유를 가리켜 주는 어떤 것이다. 그러나 이런 기대는 찬성과 반대라는 각각의 감정 자체를 근거나 기준으로 제시하는 명제에 의해서는 제대로 충족되지 못한다.

13. 인간 행위의 목록을 대충 훑어보면서 (공감과 반감 원칙

같이 규정하고 선언한다." 등등.

의 지지자들이 말하기를) 그중 어떤 것에 반대 도장을 찍어야 할지 결정하려 하면, 당신은 자신의 감정과 상의해 보기만 하면 된다. 무엇이든 비난하고 싶은 느낌 쪽으로 마음이 기울면, 바로 그 이유로 그것은 그른 행위이다. 같은 이유로 그것은 처벌을 받을 만하다. 그 행위가 공리성을 어느 정도로 거스르는지, 또는 공리성을 거스르는지 여부는 전혀 중요한 문제가 아니다. 다만 비난하고 싶은 **정도**로 그 행위는 처벌을 받을 만하다. 만일 당신이 많이 증오하면 많이 처벌하면 되고, 만일 조금 증오하면 조금 처벌하면 된다. 만일 당신이 전혀 증오하지 않는다면, 전혀 처벌하지 않으면 된다. 영혼의 섬세한 감정은 정치적 공리의 거칠고 투박한 명령에 위압되거나 학대당하지 않을 터이니 말이다.

14. 옳고 그름과 관련하여 만들어진 다양한 제도들은 모두 공감과 반감의 원칙으로 환원될 수 있다. 한 가지 설명이 그런 제도들 모두에 들어맞을 수 있다. 그런 제도들은 모두 어떤 외적 기준에 호소할 의무를 피하기 위하여, 그리고 그 제도 입안자의 감정이나 견해를 그 자체로 충분한 이유로 받아들이도록 독자를 설득하기 위하여 고안된 수많은 교묘

한 장치로 이루어져 있다. 문구는 다르지만 원칙은 똑같다.[11]

---

11 인간이 우연히 발명한 다양한 물건을 관찰하는 것은 충분히 호기심을 끄는 일이다. 그러나 이렇게 아주 일반적이어서 충분히 참아 줄 만한 자만심을 세상에 숨기고 가능하다면 자기 자신에게도 숨기기 위해 사람들이 내놓는 다양한 문구를 관찰하는 것도 아주 호기심이 당기는 일이다.

1. 어떤 사람이 말하기를, 자신은 무엇이 옳고 무엇이 그른 것인지를 자신에게 말해 줄 목적으로 만든 것을 가지고 있는데, 그것은 **도덕감각**(moral sense)이라 불린다고 한다. 그리고 그는 편안하게 일하러 가서 이런 것은 옳고 저런 것은 그르다고 말한다. 왜? "왜냐하면 내 도덕감각이 그렇다고 말해 주니까."

2. 또 어떤 사람이 나오더니 위의 문구를 바꾼다. '**도덕**(moral)'을 빼고 그 자리에 '**상식적**(common)'을 넣는 것으로. 그러고는 당신에게 말하기를, 앞 사람의 도덕감각이 그랬던 것만큼 확실하게 자신의 상식(common sense)이 자신에게 무엇이 옳고 그른 것인지를 가르쳐 준다고 한다. 그에 따르면 상식은 모든 인간이 소유하는 어떤 종류의 감각을 뜻한다. 다른 사람들의 감각이 자신의 감각과 똑같지 않으면 고려할 가치가 없는 것으로 제외된다는 것이다. 이 고안물이 앞의 것보다 분명히 낫다. 왜냐하면 도덕감각은 새로운 것이어서 어떤 사람은 그것이 자신에게 없는데도 열심히 더듬어 찾으려 할 수 있지만, 상식은 천지창조만큼이나 오래된 것이어서 자기 이웃만큼 상식을 가지고 있지 않다고 여겨지는 것을 부끄러워하지 않을 사람은 없기 때문이다. 상식은 또 하나의 큰 장점이 있다. 그것은 힘을 공유하는 것처럼 보이면서 질투를 감소시킨다. 왜냐하면 어떤 사람이 자기와 의견이 다른 사람들을 비난하기 위하여 이런 방법을 쓸 때, 그 상식은 "**내가 이렇게 원하니 이렇게 명령한다**"가 아니라 "**너희가 원하는 대로 명령하라**"이기 때문이다.

3. 또 어떤 사람이 나와서, 도덕감각에 대해 자신이 과연 그런 것을 갖고 있는지 알 수 없다고 말한다. 그러나 도덕감각만큼의 역할을 하는 **오성**(understanding)을 가지고 있다고 말한다. 그는 이 오성이 옳고 그름의 기준이라고 말한다. 오성이 이렇게 저렇게 하라고 일러 준다는 것이다. 모든 선

하고 지혜로운 사람들은 자신과 같은 오성을 지니고 있다. 만일 다른 사람들의 오성이 자신의 오성과 어떤 점에서라도 다르다면, 그들의 오성은 그만큼 나쁜 것이고, 이는 그들의 오성이 결함이 있거나 타락했다는 확실한 표시이다.

4. 또 어떤 사람은 영원불변의 옳음의 규칙(Rule of Right)이 있으며, 이 규칙이 이렇게 저렇게 하라고 명한다고 말한다. 그러고는 어떤 최상의 것에 관한 자신의 감정을 늘어놓기 시작한다. (당신도 옳다고 받아들여야 할) 이 감정들은 영원한 옳음의 규칙에서 나온 수많은 가지들이다.

5. 또 어떤 사람은, 혹은 (상관없는 일이지만) 아마 이 사람이, 사물의 합목적성(the Fitness of Things)에 어떤 관행들은 일치하고 다른 관행들은 일치하지 않는다고 말한다. 그러고는 마치 그가 어떤 관행을 우연히 좋아하거나 싫어하게 된 듯이, 일치하는 관행과 일치하지 않는 관행들을 자기가 틈이 날 때 들려준다.

6. 아주 많은 사람들이 자연법에 관해 계속해서 말한다. 그러고는 계속해서 무엇이 옳고 무엇이 그른 것인지에 관해서 자신의 감정을 늘어놓는다. 그런데 당신은 이 감정들이 자연법의 수많은 장과 절이라는 사실을 알게 될 것이다.

7. 자연법이라는 표현 대신에 때로는 이성의 법(Law of Reason), 올바른 이성(Right Reason), 자연적 정의(Natural Justice), 자연적 형평성(Natural Equity), 선한 질서(Good Order)라는 문구가 사용되기도 한다. 이 중 어느 것이나 같은 역할을 수행한다. '선한 질서'라는 맨 마지막 문구는 정치학에서 가장 많이 사용된다. 마지막 세 문구가 다른 문구들보다 훨씬 더 그런대로 쓸 만한데, 이것들은 단순한 문구 이상의 것을 아주 명시적으로 주장하지는 않기 때문이다. 이것들은 그 자체를 적극적 기준으로 보아 달라고 그저 약하게 주장할 뿐이며, 문제의 당면 사안이 경우에 따라, 무엇이 되었든 간에 적절한 기준에 일치한다는 것을 표현하는 문구로 간주되는 것에 만족하는 것처럼 보이기 때문이다. 그러나 대부분의 경우 그 기준은 **공리성**이라고 말하는 것이 더 나을 것이다. 고통과 쾌락을 분명하게 언급할 때에는 **공리성**이 더 분명한 기준이다.

8. 거짓말하는 것 말고는 이 세상 어느 것도 해롭지 않다고 말하는 어떤

철학자가 있다. 예컨대 당신이 아버지를 살해하려 한다면, 이는 단지 특별한 방식으로 그가 당신의 아버지가 아니라고 말하는 것일 뿐이다. 물론 이 철학자는 무엇이든 자신이 좋아하지 않는 것을 보면, 그것이 거짓말을 하는 특별한 방식이라고 말한다. 이것은 **사실은** 그 행위를 해서는 안 되는 경우에 그것을 해야 한다거나 할 수도 있다고 말하는 셈이다.

9. 위의 모든 사람들 가운데 가장 온당하고 솔직한 사람은 '나는 선민들 중의 한 사람'이라고 터놓고 말하는 부류의 사람이다. 이렇게 되면 신이 직접 나서서 무엇이 옳은 것인지를 선민들에게 일러 준다. 그것도 아주 효과적으로 알려 주고 아주 열심히 노력하도록 만들기 때문에, 선민들은 무엇이 옳은지 알 뿐만 아니라 그것을 실천하지 않을 수 없다. 따라서 만일 어떤 사람이 무엇이 옳고 무엇이 그른지 알고자 한다면, '나'에게 오기만 하면 된다.

이러저러한 행위들을 **부자연스럽다**는 이유로 종종 반대하는 것은 반감의 원칙에 따르는 것이다. 어린아이를 집 밖으로 내놓는 그리스와 로마의 풍습은 부자연스러운 관행이었다. 부자연스럽다는 말이 무언가를 의미한다면 그것은 흔하지 않다는 의미일 것이다. 그런데 이 말은 지금 논의의 목적에는 맞지 않지만 그곳에서는 어떤 의미를 지녔다. 그러나 여기서 이 말은 그런 의미가 아니다. 왜냐하면 그런 행위들이 자주 일어나는 것은 아마도 큰 불평거리일 것이기 때문이다. 따라서 '부자연스럽다'는 말은 아무것도 의미하지 않는다. 행위 그 자체에 관해서 의미하는 바가 아무것도 없다는 것이다. 이 말이 표현할 수 있는 것은 이 말에 관해 이야기하는 사람의 성향, 즉 이 말을 떠올리면 분노가 일어나는 그 사람의 성향일 뿐이다. 이 말이 그의 분노를 살 만한가? 아주 그럴 만한지도 모른다. 그러나 그럴 만한지 그렇지 않은지는 공리성의 원칙에 의해서만 대답할 수 있고 올바르게 대답할 수 있는 문제다.

'부자연스럽다'는 '도덕감각' 또는 '상식'만큼이나 좋은 낱말이고, 어떤 제도를 만드는 데에도 좋은 토대가 된다. 그런 행위는 부자연스러운, 다시 말해 자연을 거스르는 행위이다. 왜냐하면 내가 그것을 행하고 싶지 않으며, 따라서 결국 그것을 행하지 않기 때문이다. 그러므로 그것은 다른 모든 사람의 본성이라 생각되는 것을 거스르는 행위다.

이 모든 (우리가 보았듯이 사실은 동일한 방법이면서 서로 다른 형태의 낱말로 표현된) 사고방식과 논증 방식에 공통된 해악은, 그것들이 독재의 가면과 구실과 자양분 노릇을 한다는 것이다. 실제 독재는 아니더라도 독재 성향을 띠고 구실과 힘이 주어지면 현실이 되기 아주 십상이다. 그 결과 가장 순수한 종류의 의도를 가진 사람이 자기 자신이나 동료들에게 성가신 사람이 된다. 만일 그가 우울한 기질을 가진 사람이라면, 고요한 슬픔 속에 앉아 다른 사람들의 무분별과 타락을 통탄할 것이다. 만일 그가 화를 잘내는 사람이라면, 자신과 생각이 다른 모든 사람을 격렬하고 신랄하게 비난할 것이다. 맹렬히 타오르는 석탄에 공기를 불어넣으면서 자기처럼 생각하지 않거나 그렇게 생각한다고 고백하지 않는 모든 사람에게 타락과 위선이라는 죄명의 낙인을 찍을 것이다.

만일 그런 사람이 글쓰기에 재능이 있기라도 하면, 그가 쓴 책은 아무 내용이 없다는 것이 알려지기도 전에 엄청난 해악을 끼칠 수 있다.

만일 위와 같은 것들을 원칙이라 부를 수 있다면, 그것들이 정치보다는 도덕에 더 자주 적용된다는 것을 알 수 있다. 그러나 그 영향력은 양쪽 모두에 미친다. 도덕에서만큼이나 정치에서도, 물어볼 필요도 없이 인간은 자기가 가장 마음에 드는 방식으로 어떤 문제든 해결할 구실을 찾을 때 적어도 너나없이 기뻐한다. 만일 어떤 사람이 사인들의 행위에서 무엇이 옳고 그른지 오류 없이 판가름할 수 있는 재판관이라면, 그런 행위를 관리할 때 공인들이 따르는 법령에 관해서는 왜 그런 오류 없는 재판관이 되지 못하는가? 그래서 나는 (다른 터무니없는 생각들은 말할 것도 없고) 공리성의 원칙으로부터 도출된 논증에 반대하기 위해 입법 토론에서 마련된 가짜 자연법을 여러 차례 본 적이 있다.

'그렇다면 우리가 공리성 이외의 다른 어떤 동기에서는 옳고 그름에 관한 우리의 생각을 도출하는 일이 전혀 없다는 것인가?' 나는 모른다. 관심도 없다. 공리성의 관점 이외의 다른 어떤 원천으로부터 나오는 도덕 감정을 근본적으로 생각해 볼 수 있는지 여부가 한 가지 문제다. 마음속으로 성찰하는 어떤 개인이 고찰과 반성을 통해 공리성의 원칙이 아닌 다른 어떤 근거 위에서 도덕 감정을 사실의 문제로서 실제로 주장하고 정당화할 수 있는지 여부가 또 한 가지 문제다. 공동체에 말을 거는 어떤 개인이 공리성의 원칙이 아닌 다른 어떤 근거 위에서 그 도덕 감정을 권리의 문제로서 적절히 정당화할 수 있는지 여부가 세 번째 문제다. 앞의 두 가지는 이론적 문제들이다. 비교해서 말하자면, 이 문제들을 어떻게 해결할지는 중요치 않다. 마지막 문제는 실천의 문제다. 이 문제의 해결은 어느 문제의 해결만큼이나 중요하다.

(당신은 이렇게 말한다.) "나는 내 안에서 이러저러한 행위를 도덕의 관점에서 찬성하고 싶어 하는 경향을 느낀다. 그러나 이것은 그 행위가 공동체에 유익한 것이라는 내 생각 때문은 아니다. 나는 그것이 유익한 행위인지 아닌지 아는 척하지 않겠다. 내가 아는 한, 그것은 해로운 행위일 수도 있다." (나는 이렇게 말한다.) "그렇다면 그것은 해로운 행위가 아닌가? 생각해 보라. 그리고 만일 당신 스스로 그것이 해로운 행위라는 것을 안다면, 그런데 만일 의무라는 말이 무언가, 즉 도덕적 의무를 의미한다면, 적어도 그행위를 삼가는 것이 당신의 의무가 된다. 게다가, 만일 그 행위를 막고자 노력하는 것이 당신 능력의 범위 안에 있고 큰 희생 없이 할 수 있는 일이라면, 그 행위에 대한 생각을 당신 가슴속에 품고 그것을 덕이라 부른다고 해서 당신을 용서해 주지는 않을 것이다.

(당신이 다시 말한다.) "나는 내 안에서 이러저러한 행위를 도덕의 관점에서 혐오하는 경향을 느낀다. 그러나 이것은 그 행위가 공동체에 해로운 것이라는 내 생각 때문은 아니다. 나는 그것이 해로운 행위인지 아닌지 아는 척하지 않겠다. 그것은 해로운 행위일 수도 있다. 내가 아는 한, 그것은 해로운 행위일 수도 있다." (내가 말한다.) "그것이 정말 유익할 행위일 수 있을까? 그렇다면 나는 당신에게 이렇게 말하겠다. 만일 의무와 옳고 그름이 그저 당신이 좋을 대로 결정되는 것이 아니라면, 만일 그 행위가 실제로 해로운 행위가 아니고 누군가 그것을 행하려 한다면, 당신이 그 사람의 행위를 막는 것은 당신의 의무가 아니라 오히려 매우 잘못된 일이다. 마음속으로는 그 행위를 실컷 혐오하라. 그것은 (유익한 이유는 아닐지라도) 당신 자신이 그 행위를 하지 않는 데 대한 아주 좋은 이유가 될 수는 있다. 그러나 당신이 말로건 행동으로건 무엇이든 그 사람을 방해하려고 하거나 그 행위로 인해 고통을 받도록 하기 위해 애쓴다면, 잘못한 것은 그가 아니라 당신이다. 당신이 그 사람의 행위를 비난하거나 그것에 악덕이라는 낙인을 찍는

15. 전혀 의도하지 않았다 할지라도, 공감과 반감의 원칙이 명령하는 바가 공리성이 명령하는 바와 자주 일치한다는 것은 명백하다. 아마도 일치하지 않는 경우보다 일치하는 경우가 더 자주 있을 것이다. 그러므로 오늘날 형사상 정의와 관련된 업무는 웬만큼 괜찮은 공통 기반 위에서 수행되고 있다. 어떤 상습적 행위를 증오한다면, 그 행위의 해로움보다 더 자연스럽거나 더 일반적인 증오의 근거가 과연 있을 수 있을까? 모든 사람이 노출되어 있는 고통은 모든 사람이 증오하는 경향이 있다. 그러나 그것은 아직 불변의 근거가 되지 못한다. 왜냐하면 어떤 사람이 고통을 당할 때 그가 왜 고통을 당하는지 항상 알 수 있는 것은 아니기 때문이다. 예컨대 어떤 사람이 새로 나온 세금 때문에 지독히 고통을 당하면서도 그 고통의 원인이 이전에 세금을 내지 않은 어떤 이웃의 부정행위 때문이라는 것을 알아내지 못할 수 있

다고 해서 그가 비난받을 만한 사람이 되거나 당신이 결백한 사람이 되지는 않는다. 그러므로 만일 당신이 이 문제에 관해서는 그 사람의 생각이 있고 당신에게는 당신의 생각이 있다는 사실에 만족하고 계속 그렇게 행동한다면 다 잘 될 것이다. 그러나 만일 그가 당신과 똑같이 생각하지 않고는 당신이 결코 만족하지 않는다면, 당신이 어떻게 해야 할지 말해 주겠다. 그 사람을 당신의 반감에 굽실거리게 하지 말고, 당신이 당신의 반감을 극복하라.

다는 것이다.

16. 공감과 반감의 원칙은 엄격성 면에서 오류를 범하기가 아주 쉽다. 이 원칙은 처벌할 마땅한 이유가 없는 많은 경우에 처벌을 위해 적용되고, 가벼운 처벌이 필요한 많은 경우에는 필요 이상으로 적용된다. 너무 사소하고 전혀 해가 없는 것이어서 이 원칙으로도 처벌할 근거를 찾을 수 없는 사건은 상상해 볼 수가 없다. 어떤 취향의 차이이든, 어떤 의견의 차이이든, 어떤 문제에 관해서든, 아무리 사소한 불일치라 할지라도 인내를 힘들게 하고 언쟁을 심각하게 만든다. 각자가 다른 사람의 눈에는 적으로 보이게 되고, 법이 허용한다면 범죄자로도 보인다.[12] 이것이 바로 인간이 짐승과 구

---

12 영국 국왕 제임스 1세는 아리우스파(4세기에 예수 그리스도의 신성을 부인한 아리우스의 주장을 교의로 삼는 일파 -역주) 사람들에게 격렬한 반감을 품어서 그중 두 사람을 화형에 처했다.(*) 그는 이렇게 해서 별 어려움 없이 만족감을 얻었다. 당시 사람들의 생각은 이 일에 호의적이었다. 그는 아르미니우스교도(아르미니우스주의: 직접적인 종교경험을 강조하는 신비주의 신학에 반대하고 이성을 강조하는 기독교 신학의 한 갈래 -역주)라는 이유로 보르스티우스를 격렬히 비난하는 책을 썼다. 보르스티우스와 멀어져 있었기 때문이다. 그는 또한 월터 롤리 경이 당시에 들여온 최신 약물의 사용을 격렬히 비난하는 이른바『담배에 대한 강력한 반대』를 썼다. 만일 당시 여론이 그에게 협조적이었다면, 그는 그 재침례파교도(Anabaptist)와 흡연자를 같은 불로 화형에 처했을 것이다. 비록 다른 죄목이었지만, 그는 나중에 롤리 경을 처형하여 만족감을 얻었다.

별되는 (사실은 인간에게 별로 이롭지 못한) 상황 가운데 하나다.

17. 그러나 공감과 반감의 원칙이 관대함 면에서는 오류를 범하는 사례가 전혀 없는 것은 아니다. 가깝고 지각할 수 있는 해악은 반감을 일으킨다. 실제적이지만 멀리 떨어져 있고 지각할 수 없는 해악은 아무 영향이 없다. 이를 입증하는 사례들이 이 책에서 여러 차례 등장할 것이다.[13] 그 사례들을

프랑스 음악과 이탈리아 음악을 비교할 때 어느 쪽이 우월한지에 관한 논란이 파리에서 아주 심각한 논쟁을 불러일으켰다. (달랑베르(**)가 말하기를) 논쟁의 당사자 중 한쪽은 정부를 이 논쟁에 끌어들였다 할지라도 유감스러워하지 않았을 것이다. 그런 구실을 찾고 부추겼다. 그보다 오래전에, 런던의 두 작곡가의 상대적 장점을 둘러싼, 그와 비슷한 성질을 지녔고 적어도 동급의 열기를 띤 논쟁이 런던에서 불붙었다. 오늘날에도 런던에서는 새로운 연극의 지지파와 반대파 사이에 요란한 논쟁이 드물지 않게 벌어진다. 『걸리버 여행기』라는 우화에서는 삶은 달걀의 뭉툭한 끝을 깨서 먹어야 한다는 사람들(Big-endians)과 뾰족한 끝을 깨서 먹어야 한다는 사람들(Little-endians)이 말다툼하는 이유가, 수많은 제국들을 멸망시킨 다양한 이유들보다 하찮은 것이 아니었다. 러시아에서는 성호를 긋는 데 사용하는 손가락 수에 관한 논쟁에 정부가 관여해서 수천 명이 목숨을 잃은 경우가 있었다고 한다. 옛날에는 이런 일도 있었다. 러시아의 에카테리나 2세의 대신들은 관련 당사자들이 서로 해를 끼치는 것을 막는 경우 말고는 그런 논쟁에 일절 참여하지 말라는 **교서**(***)를 받았다.

* 데이비드 흄, 『영국사』 6권.

** 『음악의 자유에 관한 잡문(Melanges Essai sur la Liberté de la Musique)』.

*** Instruct. art. 474. 475. 476.

13 16장 「위법 행위의 분류」의 42와 44를 보라.

여기서 제시하면 책의 구성이 혼란스럽게 되어 버릴 것이다.

18. 아마도 왜 여태 **신학적** 원칙에 관해서는 아무 언급을 하지 않았는지 의아하게 여길 수 있다. 신학적 원칙이란 옳고 그름의 기준으로서 신의 의지에 의지한다고 공언하는 원칙을 의미한다. 그러나 사실 이 원칙은 다른 것과 구별되는 원칙이 아니다. 이 원칙은 앞서 언급한 세 원칙 중 어느 하나가 또 다른 모양으로 나타난 것에 불과하다. 여기서 말하는 신의 **의지**는 성서에 쓰여 있는 것과 같은 계시된 신의 의지일 수가 없다. 그것은 누구도, 바로 오늘날의 정치 행정의 세부 사항에 적용하기 위해 의지할 것을 생각해 보지 않은 체계이기 때문이다. 또한 모든 종파의 가장 탁월한 신학자들도 이 체계를 사적 행위의 세부 사항들에 적용할 수 있으려면 아주 충분한 해석들이 필요하다는 것을 보편적으로 받아들이고 있다. 그 신학자들의 저작이 그 밖에 무슨 쓸모가 있겠는가? 그리고 그들은 이 해석들의 지침으로서 다른 어떤 기준을 상정해야 한다는 것을 인정한다. 그렇다면 이 경우에 의지하는 신의 의지는 **추정상의** 의지라고 부를 수 있다. 다시 말해 그것의 명령이 다른 어떤 원칙의 명령과 일치하기 때문에 신의 의지로 추정되는 의지인 것이다. 그렇다면 이 다른 원칙은 무엇일까? 위에서 말한 세 원칙 중 어느 하

46

나임이 틀림없다. 우리가 보았듯이 그것들 이외에 다른 원칙
은 있을 수 없기 때문이다. 따라서 신의 계시를 논외로 하더
라도, 무엇이 신의 의지인가라는 물음에 대한 어떤 대답으
로도 옳고 그름의 기준을 결코 설명할 수 없음이 명백하다.
사실 우리는 옳은 것이라면 무엇이든 신의 의지에 일치하는
것이라고 철저히 확신할 수 있다. 그러나 그 확신이 무엇이
옳은 것인지를 우리에게 보여 주는 목적에 부응하는 것은
여기까지다. 그러므로 어떤 것이 신의 의지에 일치하는 것인
지 여부를 거기서부터 알아내기 위해서는 먼저 그것이 옳
은 것인지 여부를 알아야만 한다.[14]

---

14 신학의 원칙은 모든 것의 원인을 신의 쾌락으로 돌린다. 신의 쾌락이란
무엇일까? 신이 지금 분명히 그렇게 하지 않는 데서 보듯, 신은 자신의 쾌
락이 무엇인지 우리에게 말해 주거나 글로 써 주지 않는다. 그렇다면 신의
쾌락이 무엇인지 우리가 어찌 알 수 있겠는가? 우리 자신의 쾌락을 관찰하
여 그것을 신의 쾌락이라고 선언하는 것이다. 따라서 신의 쾌락이라고 불
리는 것은 (계시는 제외하고) 누구든 자신이 신의 쾌락이라고 믿거나 주장
하는 바를 선언하는 사람에게는 좋은 쾌락임이 틀림없다. 이러저러한 행위
를 삼가는 것이 신의 쾌락임을 당신이 어떻게 아는가? 어떻게 당신은 그렇
다고 추측하게 되었을까? "왜냐하면 내가 상상하건대 그 행위를 하는 것
이 전체적으로 인류의 행복에 해로울 것이기 때문이다"라는 것이 공리성
원칙 지지자의 대답이다. 금욕주의 원칙의 지지자는 "그 행위를 저지르는
것은 천하고 육감적이거나, 적어도 하찮고 덧없는 만족을 수반하기 때문
이다"라고 말할 것이다. 반감의 원칙에 따르는 사람은 "내가 그런 행위들에
대한 생각을 혐오하는데, 내가 그 이유를 말할 수도 없고 말할 필요도 없

19. 다음 두 가지는 혼동하기가 아주 쉽지만 주의 깊게 구별하는 것이 중요하다. 하나는 동기 또는 원인으로, 이것은 개인의 마음에 작용하여 모든 행위를 낳는다. 다른 하나는 근거 또는 이유로, 이것은 입법자나 제삼자가 그 행위를 찬성의 시선으로 바라보는 것을 정당화한다. 문제의 특정 사례에서 어떤 행위가 마침 우리가 찬성하는 결과를 낳으면, 게다가 만일 동일한 동기가 다른 사례들에서도 종종 비슷한 결과를 낳을 수 있다는 것을 마침 우리가 보게 된다면, 우리는 그 행위의 동기 자체를 찬성하게 되기 쉽고, 그 행위가 그 동기로부터 나왔다는 사실이 우리가 그 행위를 찬성하는 정당한 근거라고 가정하기 쉽다. 이런 식으로 반감이라는 감정은 행위의 정당한 근거로 종종 간주되었다. 예컨대 반감은 이런저런 경우에 좋은 결과를 수반하는 행위의 원인이 된다. 그러나 이런 사실이, 다른 어떤 경우에서와 마찬가지로 그 해당 경우에서도 행위의 정당한 근거가 되지는 않는다. 더 나아가 결과가 좋을 뿐만 아니라 결과가 좋을 것임을 그 행위자가 미리 알 수도 있다. 이런 사실이 실제로 그

기 때문이다"라고 말할 것이다. 신의 의지를 자신의 기준으로 삼는다고 공언하는 사람은 (계시는 제외하고) 틀림없이 이 세 가지 중 어느 하나의 말로 대답할 것이다.

행위를 완벽하게 옳은 행위로 만들 수 있다. 그렇다고 해서 반감이 행위의 올바른 근거가 되는 것은 아니다. 만일 반감과 같은 감정을 무조건 따르면, 그것이 최악의 결과를 낳을 수 있고, 실제로 아주 자주 그런 결과를 낳기 때문이다. 그러므로 반감은 결코 행위의 올바른 근거가 될 수 없다. 따라서, 나중에 더 상세히 살펴볼 것인데, 반감의 한 변형일 뿐인 원한도 행위의 올바른 근거가 될 수 없다. 아마도 영원히 존속할 수 있는 행위의 유일하게 올바른 근거는 결국 공리성에 대한 고려일 것이다. 공리성의 원칙은 만일 그것이 어느 한 경우에 행위와 찬성의 올바른 원칙이라면 다른 모든 경우에도 그럴 것이다. 수많은 다른 원칙들, 즉 다른 동기들이 이러저러한 행위를 행한 이유, 다시 말해 그 행위를 행하는 이유나 원인이 될 수는 있다. 그러나 그 행위를 해도 좋을 혹은 행해야 하는 이유가 될 수 있는 것은 공리성의 원칙뿐이다. 반감이나 원한은 그것이 해악을 끼치지 않도록 항상 통제될 필요가 있다. 무엇으로 통제해야 하는가? 항상 공리성의 원칙으로 통제해야 한다. 공리성의 원칙은 그 자체 이외의 다른 어떤 통제자를 필요로 하지도 받아들이지도 않는다.

3장 고통과 쾌락의 네 가지 제재 또는 원천에 관하여

1. 공동체를 구성하는 개인들의 행복이, 즉 그들의 쾌락과 그들의 안전이 입법자가 염두에 두어야 할 목적, 그것도 유일한 목적이라는 사실, 그리고 그 입법자에게 의존하는 한 각 개인이 자신의 행위를 부합하도록 **만들어야** 할 유일한 기준이라는 사실이 입증되었다. 그러나 **행해야** 할 것이 이런 행위이든 다른 어떤 행위이든 간에, 어떤 사람을 궁극적으로 그 행위를 하도록 **만들** 수 있는 것은 고통이나 쾌락 말고는 아무것도 없다. 이 두 거대한 대상(즉 쾌락, 그리고 결국 쾌락과 마찬가지인 고통의 면제)을 **최종적** 원인으로 보는 일반적 견해를 받아들인다면, 쾌락과 고통 자체를 **작용**인(efficient cause), 또는 효과적 방법으로 보는 견해도 받아들여야 할 것이다.

2. 쾌락과 고통이 실제로 흘러나오는 원천은 네 가지로 구별된다. 개별적으로 보자면, 그것들은 **물리적** 원천, **정치적** 원천, **도덕적** 원천, **종교적** 원천으로 부를 수 있다. 그리고 이것들 각각에 속하는 쾌락과 고통이 행위의 어떤 법칙 또는 규칙에 구속력을 줄 수 있는 한에서 이것들 모두를 **제재**

(sanctions)[15]라고 부를 수 있다.

3. 만일 현재의 삶에서, 그리고 어떤 인간의 의지가 개입하거나 눈에 보이지 않는 어떤 초월적 존재가 특별히 개입하여 고의로 변형됨이 없는 자연스러운 일상의 과정에서, 쾌락이나 고통이 일어나거나 예상된다면, 이런 쾌락이나 고통은 **물리적 제재**에서 나온다거나 그것에 속한다고 말할 수 있다.

4. 만일 쾌락이나 고통이, 국가의 통치자나 최고 지배 권력의 의지에 따라 그것을 배분하려는 특정 목적으로 **재판**

---

15 라틴어에서 sanctio는 **구속하는 행위**라는 뜻으로 쓰였고, 흔히 있는 문법 변화에 의해 **사람을 구속하는 어떤 것**, 더 정확히 말해서 이러저러한 행위 방식을 준수하는 것이라는 뜻으로도 쓰였다. 로마의 한 문법학자에 의하면(*), 이 낱말의 의미는 (지적 관념이 감각적 관념에서 파생되는 과정이 흔히 그러하고 실제로 대부분 틀림없이 그렇듯이) 다소 부자연스러운 과정을 거쳐 피를 뜻하는 sanguis라는 낱말에서 파생되었다. 로마인들 사이에서는 내가 종교적 제재라고 부르는 것의 힘으로 이러저러한 행위 방식이 어떤 사람에게는 의무라는 (즉 만일 그 사람이 문제의 그 행위 방식을 준수하지 않는다면 어떤 초월적 존재가 특별히 개입하여 그에게 고통을 줄 것이라는) 확신을 사람들에게 심어 줄 목적으로 성직자들이 일정한 의식들을 고안했다. 그런데 그 의식들을 행하는 과정에서 살아 있는 제물의 피를 사용한 것이다.

그렇다면 제재란 구속력이 있는 힘 또는 동기의 원천, 즉 **고통**과 **쾌락**의 원천이다. 제재는 고통과 쾌락이 이러저러한 행위 방식과 연결됨에 따라서 작용하고, 동기로 작용할 수 있는 실로 유일한 것이다. 10장 「동기에 관하여」를 보라.

* 『에인스워스 라틴어 사전』에서 **Sanctio**에 관한 세르비우스(Servius: 4세기 로마의 라틴어 문법학자 -역주)의 설명을 보라.

관이라는 이름에 해당하는 이름으로 선발한 그 공동체의
특정 개인이나 개인들 집단의 손에 달려 있다면, 이런 쾌락
이나 고통은 **정치적 제재**에서 나온다고 말할 수 있다.

5. 만일 쾌락이나 고통이, 문제의 당사자가 살아가는 과정
에서 정해져 있거나 합의된 어떤 규칙에 따라서가 아니라
각자의 자생적 성향에 따라 공동체 내에서 어쩌다 관계를
맺게 되는 **우연한** 사람들의 손에 달려 있다면, 이런 쾌락이
나 고통은 **도덕적** 또는 **대중적 제재**[16]에서 나온다고 말할 수
있다.

6. 만일 쾌락이나 고통이 현생이든 내생이든 어떤 초월적
이고 눈에 보이지 않는 존재의 손에 직접 달려 있는 것이라
면, 이런 쾌락이나 고통은 **종교적 제재**에서 나온다고 말할
수 있다.

7. **물리적·정치적·도덕적** 제재에서 나올 것으로 예상할

---

16 이것은 **대중적** 제재라고 부르는 편이 더 낫다. 이 말이 이 제재를 구성
하는 원인을 더 직접 가리키기 때문이다. 더 일반적인 용어인 **여론**과 이
제재의 관계 역시 더 직접적으로 가리킨다. 여론은 프랑스어로 **opinion
publique**인데 프랑스에서는 수호하는 힘에 부여되는 명칭으로, 이 명칭에
관해 최근에 아주 많은 논의가 이루어지고 있고, 이 명칭으로 아주 많은
일이 행해지고 있다. 그러나 여론이라는 명칭은 부적절하고 불명료하다. 의
견(opinion)이 구체적인 것이라면, 여론은 의견이 애착과 의지를 매개로 행
위에 발휘하는 영향력 덕분으로만 존재하기 때문이다.

수 있는 쾌락과 고통은 만일 있다면 현생에 틀림없이 모두 경험할 수 있고, 종교적 제재에서 나올 것으로 예상할 수 있는 쾌락과 고통은 현생이나 내생에 경험할 것으로 예상할 수 있다.

8. 현생에서 경험할 수 있는 쾌락과 고통은, 물론 현생의 과정에서 인간의 본성이 느낄 수 있는 쾌락과 고통 이외의 다른 것일 수 없다. 그리고 현생의 과정에서 인간의 본성이 느낄 수 있는 모든 쾌락과 고통은 위의 네 가지 원천 각각에서 나올 수 있다. 그렇다면 (우리가 이 자리에서 관심을 갖는) 이 원천들과 관련하여 볼 때, 위의 네 가지 제재 중 어느 하나에 속하는 쾌락이나 고통은 궁극적으로 다른 세 제재 중 어느 하나에 속하는 쾌락이나 고통과 종류가 다른 것이 아니다. 그것들 사이의 유일한 차이는 그것들을 만들어 내는 상황이다. 세상사의 자연스럽고 무의식적인 과정에서 어떤 사람에게 닥치는 고통은 예컨대 **재난**이라고 불릴 것이다. 이런 경우에, 만일 그 고통이 그의 경솔함 때문이라고 생각된다면, 그것은 물리적 제재에서 나온 벌이라고 말할 수 있다. 그런데 이런 고통이 법에 의해 가해진다면 흔히 **처벌**이라고 부르는 것이 된다. 만일 그 고통이 어떤 친절한 도움도 받지 못해서 초래되었고, 고통을 받는 사람의 못된 행실이나 못되

었다고 생각되는 행실 때문에 도움을 받지 못한 것이라면, 그것은 **도덕적** 제재에서 나온 벌이라고 할 수 있다. 만일 그 고통이 어떤 특별한 섭리의 직접 개입을 통해 생겼다면, 그것은 종교적 제재에서 나온 벌이라고 불릴 것이다.

9. 어떤 사람의 재산이나 신체가 불에 탔다고 하자. 만일 이런 일이 사고라 부를 수 있는 일에 의해 그에게 발생했다면 그것은 재난이다. 만일 본인의 부주의로 (예컨대 촛불을 끄지 않아서) 발생했다면, 그것은 물리적 제재의 벌이라고 말할 수 있다. 만일 그것이 그에게 정부 행정관의 판결에 의해 발생했다면, 그것은 정치적 제재에 속하는 벌, 즉 흔히 처벌이라 불리는 것이 된다. 만일 그의 **이웃**이 그의 **도덕적** 성격을 싫어해서 그에게 도움을 주지 않아 발생했다면, 그것은 **도덕적** 제재의 벌이다. 만일 그가 범한 어떤 죄 때문에 신이 불쾌감을 드러내는 직접적 행위 때문에 발생했거나, 신의 그런 불쾌감을 두려워해서 마음이 산란해져 발생했다면, 그것은 **종교적** 제재의 벌이다.[17]

---

17 신의 직접적 행위에 의해 어떤 사람에게 닥쳤다고 생각되는 고통은 신이 내린 어떤 특별한 판단과 그에 따라 신이 취한 결정의 결과로 그 사람에게 가해진 고통이라고 말하지 않고 위에서처럼 종종 간단히 **심판**이라고 부른다.

10. 내생과 관련된 종교적 제재에 속하는 쾌락과 고통에 대해서 우리는 그것이 어떤 종류인지 알 수 없다. 그것은 우리가 관찰할 수도 없다. 현생을 사는 동안에 그것은 예상만 할 수 있는 문제다. 또한 그 예상이 자연종교로부터 나오든 계시종교로부터 나오든 간에, 만일 그 특정 종류의 쾌락이나 고통이 우리가 관찰할 수 있는 모든 고통이나 쾌락과 다르다면, 우리는 그것이 무엇인지 전혀 알 수 없다. 우리가 그런 고통과 쾌락에 관해 얻을 수 있는 최상의 관념조차 질적인 면에서는 전혀 정리되지 않는다. 다른 어떤 면에서 내생의 고통과 쾌락에 관한 우리의 관념이 정리될 **수 있을**지는 다른 자리에서 고찰할 것이다.[18]

11. 위의 네 가지 제재 중 물리적 제재가 대체로 정치적 제재와 도덕적 제재의 토대라는 것을 관찰할 수 있다. 따라서 종교적 제재가 현생과 관계되는 한에서, 물리적 제재가 종교적 제재의 토대이기도 하다. 물리적 제재는 다른 세 가지 제재 각각에 포함된다. 물리적 제재는 어떤 경우에도 (다시 말해, 그것에 속하는 어떤 고통이나 쾌락도) **다른 제재들**로부터 독립적으로 작용할 수 있다. 그러나 다른 제재들 중 어느

---

18 13장 「처벌에 부적당한 사례들」 2의 주석을 보라.

것도 물리적 제재를 통하지 않고는 작용할 수 없다. 한마디로, 자연의 힘은 저절로 작용할 수 있다. 그러나 행정관도 보통 사람들도 자연의 힘을 통하지 않고는 작용할 수 없으며, 여기서 논의하고 있는 경우에는 신도 작용한다고 추측되지 않는다.

12. 이렇게 많은 공통성을 지닌 이 네 가지 대상에 합당한 공통의 명칭을 찾아보는 것이 유용할 듯하다. 첫째, 그렇게 하는 것이 다른 방법으로는 동등하게 특징적인 명칭을 찾을 수 없는 특정 쾌락과 고통에 편의상 하나의 명칭을 부여하는 데 유용할 듯하다. 둘째, 그 영향력에 충분히 주의를 기울이기 어려운 특정한 도덕적 힘의 유효성을 제시하는 데 유용할 것이다. 정치적 제재가 인간의 행위에 영향력을 행사하는가? 도덕적 제재와 종교적 제재 역시 그러하다. 정부 행정관의 활동 하나하나가 이 두 가지 외부 힘들의 도움을 받거나 방해를 받기 십상이다. 도덕적 제재와 종교적 제재 가운데 하나 또는 두 가지 모두가 틀림없이 행정관의 경쟁자이거나 협력자다. 그가 그것들을 자신의 계산에 넣지 않는 일이 벌어질까? 그랬다면 분명히 그는 결국 자신이 실수했다는 것을 알게 될 것이다. 이 모든 사실에 관한 충분한 증거를 이어지는 이 책의 내용에서 발견할 수 있을 것이다.

따라서 그는 그것들을 계속해서 주목하고 그런 명칭으로 자신의 목적 및 계획과 그것들의 관계를 제시하는 것이 마땅하다.

4장 쾌락 또는 고통의 가치와 측정 방법

1. 그렇다면 쾌락과 고통의 회피는 입법자가 염두에 두는 **목적**이다. 그러므로 입법자는 그것들의 **가치**를 이해하는 것이 마땅하다. 쾌락과 고통은 입법자가 가지고 일해야 하는 **수단**이다. 따라서 입법자는 그것들의 힘, 달리 말해서 그것들의 가치를 이해하는 것이 마땅하다.

2. **자기 스스로를** 고려하는 한 개인에게 **그 자체로** 고려된 개인의 쾌락이나 고통의 가치는 다음 네 가지 상황에 따라 더 커지거나 더 작아질 것이다.[19]

(1) 그것의 **강도**(intensity).

---

19 이 상황들은 이제까지 쾌락이나 고통의 가치 요소 또는 차원이라고 불려 왔다.

이 책의 초판이 출판된 지 얼마 되지 않았을 때, 도덕과 입법의 전체 구조가 의존한다고 볼 수 있는 이 요점들을 더욱 효과적으로 기억에 심어 두려고 다음과 같은 암기용 운문을 만들었다.

강하다, 길다, 확실하다, 빠르다, 효과적이다, 순수하다
이 특징들은 **쾌락**과 **고통** 속에서 지속된다.
만일 **사적** 쾌락이 그대의 목적이라면, 이런 쾌락을 추구하라.
만일 **공적** 쾌락이 그대의 목적이라면, 이런 쾌락을 **확대**하라.
그대의 목적이 어느 쪽이든, 이런 **고통**을 피하라.
만일 고통이 **와야만** 한다면, 그것을 **극소화**하라.

(2) 그것의 **지속성**(duration).

(3) 그것의 **확실성**(certainty) 또는 **불확실성**(uncertainty).

(4) 그것의 **근접성**(propinquity) 또는 **원격성**(remoteness).

3. 이런 상황들은 개별적으로 고려된 각각의 쾌락이나 고통을 평가할 때 고려하는 상황들이다. 그러나 쾌락이나 고통의 가치를 그것을 산출하는 어떤 **행위**의 경향을 평가할 목적으로 고찰할 때에는 다음 두 가지 다른 상황을 고려해야 한다.

(5) 그것의 **다산성**(fecundity), 또는 **동일한** 종류의 감각을 연달아 만들어 낼 가능성. 즉 그것이 쾌락이라면 여러 쾌락을, 또는 그것이 고통이라면 여러 고통을 만들어 낼 가능성.

(6) 그것의 **순수성**(purity), 또는 **정반대** 종류의 감각을 연달아 만들어 내지 **않을** 가능성. 즉 그것이 쾌락이라면 여러 고통을, 또는 그것이 고통이라면 여러 쾌락을 만들어 내지 않을 가능성.

그러나 이 마지막 두 가지는 엄밀히 말해서 그 쾌락이나 그 고통 자체의 속성으로 간주되어서는 안 된다. 따라서 이것들은 엄밀히 말해서 그 쾌락이나 그 고통의 가치로 고려되어서는 안 된다. 이것들은 엄밀히 말해서 다름 아닌 그러한 쾌락이나 고통을 만들어 낸 행위 또는 다른 사건의 속성으로 간주되어야 한다. 따라서 그러한 행위나 그러나 사건의 경향으로 고려되어야만 한다.

4. 각 개인과 관련된 어떤 쾌락이나 고통의 가치를 고려하는 **다수** 사람에게, 그 가치는 일곱 가지 상황에 따라서 더 크거나 작을 것이다. 즉 앞서 말한 여섯 가지다.

(1) 그것의 **강도**.

(2) 그것의 **지속성**.

(3) 그것의 **확실성** 또는 **불확실성**.

(4) 그것의 **근접성** 또는 **원격성**.

(5) 그것의 **다산성**.

(6) 그것의 **순수성**.

그리고 한 가지가 더 있다.

(7) 그것의 **범위**. 즉 그것이 미치는 또는 (달리 말하자면) 그것에 영향을 받는 사람들의 수.

5. 그렇다면 한 공동체의 이익에 영향을 주는 행위의 일반적 경향을 정확히 알아내려면, 다음과 같이 진행하라. 그 행위로부터 가장 직접적으로 자기 이익에 영향을 받는 것으로 보이는 사람들 가운데 어느 한 사람에게서 시작하라. 그리고 다음을 계산해 보라.

(1) **첫 번째** 단계에서 그 행위가 만들어 내는 것으로 보이

는 각각의 구별 가능한 **쾌락**의 가치.

(2) **첫 번째** 단계에서 그 행위가 만들어 내는 것으로 보이는 각각의 **고통**의 가치.

(3) 첫 번째 **이후의** 단계에서 그 행위가 만들어 내는 것으로 보이는 각각의 쾌락의 가치. 이것은 첫 번째 **쾌락**의 **다산성**과 첫 번째 **고통**의 **불순성**을 구성한다.

(4) 첫 번째 이후의 단계에서 그 행위가 만들어 내는 것으로 보이는 각각의 **고통**의 가치. 이것은 첫 번째 **고통**의 **다산성**과 첫 번째 쾌락의 **불순성**을 구성한다.

(5) 한쪽에는 모든 **쾌락**의 모든 가치를 합산하고, 다른 한쪽에는 모든 고통의 모든 가치를 합산하라. 만일 쾌락 쪽으로 저울이 기울면, 이것은 그 **개인**의 이익과 관련하여 대체로 그 행위의 **좋은** 경향을 말해 주는 것이다. 만일 고통 쪽으로 기울면, 이것은 대체로 그 행위의 **나쁜** 경향을 말해 주는 것이다.

(6) 이해 당사자라고 생각되는 사람들의 **수**를 계산해 보라. 그리고 그들 각각에 대하여 위의 과정을 반복하라. 그 행위가 대체로 **좋은** 경향을 갖는 각 개인과 관련하여, **좋은** 경향의 정도를 나타내는 수들을 **합산하라**. 그 행위의 경향이 대체로 나쁜 경향을 갖는 각 개인에 관해 이 과정을 반복하

라. **저울**을 들어라. 만일 쾌락 쪽으로 기울면, 그것은 관련 개인의 총수 또는 그 공동체에서 그 행위가 일반적으로 **좋은 경향**이 있다는 것을 말해 주는 것이다. 만일 고통 쪽으로 기울면, 그것은 그 행위가 동일한 공동체에 **나쁜 경향**이 있다는 것을 말해 준다.

6. 위의 과정을 모든 도덕적 판단이나 모든 입법 또는 사법 활동 이전에 엄격히 따를 것이라고 기대할 수 없다. 그러나 그것을 항상 염두에 둘 수는 있다. 그리고 이런 경우에 실제로 따르는 과정이 위와 같은 과정에 근접할수록, 그만큼 그러한 절차는 엄밀한 과정의 성격에 근접할 것이다.

7. 쾌락과 고통이 어떤 형태로 나타나든, 또한 어떤 명칭으로 서로 구별되든, 위와 같은 과정이 쾌락과 고통에 마찬가지로 적용될 수 있다. 그것을 (당연히 쾌락의 원인 또는 수단인) **좋음**이라고 부르든 (멀리 있는 쾌락 또는 멀리 있는 쾌락의 원인이나 수단인) **이익**이라고 부르든, 아니면 **편의**나 **유리함**이나 **이득**이나 **보수**나 **행복**이나 그 밖의 다른 무엇으로 부르든, 위와 같은 절차가 쾌락에 적용될 수 있다. 또한 그것을 (좋음에 대응하는) **나쁨**이라고 부르든 **해악**이라고 부르든, 아니면 **불편**이나 **불리함**이나 **손실**이나 **불행**이나 그 밖의 다른 무엇으로 부르든, 위와 같은 절차가 고통에도 적용될 수 있다.

8. 이것은 새롭거나 공인되지 않은 이론이 아닌 만큼 쓸모 없는 이론도 아니다. 어떤 경우가 됐든 인류가 자기 자신의 이익에 관해 분명한 견해를 가지고 있다면, 이 모든 이론에는 인류의 관행과 완벽히 일치하는 것만이 들어 있다. 재산의 한 항목, 예컨대 토지 점유권(estate in land)은 어떤 이유로 가치가 있을까? 그것이 어떤 사람으로 하여금 만들어 낼 수 있게 해 주는 온갖 종류의 쾌락, 그리고 마찬가지로 그것이 그로 하여금 피할 수 있게 해 주는 온갖 종류의 고통 때문이다. 그러나 이런 재산 항목의 가치는, 그 사람이 그것을 소유하고 있는 시간의 길고 짧음, 그것을 소유하게 될 확실성 또는 불확실성, 그리고 틀림없이 그것을 소유하게 된다면 그것을 소유하게 될 시점의 멂 또는 가까움 등에 따라서 올라가거나 내려간다고 일반적으로 생각된다. 어떤 사람이 그것에서 끌어낼 수 있는 쾌락의 **강도**에 관해서는 결코 이렇게 생각되지 않는다. 왜냐하면 그 강도는 특정 개인이 그것을 이용할 수 있는 용도에 달려 있고, 그가 그 재산 항목에서 끌어낼 수 있는 특정 쾌락이나 그것을 이용하여 차단할 수 있는 특정 고통을 볼 수 있을 때까지는 측정할 수 없기 때문이다. 같은 이유로 그 사람은 그런 쾌락의 **다산성**이나 **순수성**에 관해서도 생각하지 않는다.

쾌락과 고통, 행복과 불행에 관한 **일반적** 고찰은 이만큼 해 두자. 우리는 이제부터 몇몇 특정 종류의 고통과 쾌락에 관해 고찰할 것이다.

5장 쾌락과 고통의 종류

1. 모든 종류의 쾌락과 고통에 속하는 것들을 제시했으니, 이제는 몇몇 종류의 고통과 쾌락을 하나하나 보여 줄 때가 되었다. 고통과 쾌락은 관심을 끄는 지각(interesting perceptions)이라는 하나의 일반 용어로 부를 수 있다. 관심을 끄는 지각은 단순하거나 복합적이다. 단순한 지각은 더 이상 분해될 수 없는 지각이고, 복합적 지각은 여러 가지 단순한 지각으로 분해될 수 있는 지각이다. 따라서 관심을 끄는 하나의 복합적 지각은 (1) 쾌락만으로 구성되거나, (2) 고통만으로 구성되거나, (3) 하나 또는 여러 쾌락 혹은 하나 또는 여러 고통으로 구성될 수 있다. 예컨대 많은 쾌락을 여러 가지 단순한 쾌락들이 아니라 한 가지 복합적 쾌락으로 보도록 결정하는 것은 그것을 자극하는 원인의 성질이다. 어떤 쾌락이든 같은 원인이 작용하여 동시에 자극되는 쾌락은 그 모두가 한 가지 쾌락만을 구성하는 것으로 간주되기 쉽다.

2. 인간의 본성이 느끼기 쉬운 몇몇 단순한 쾌락은 다음과 같은 것들이 있는 듯하다. (1) 감각의 쾌락. (2) 부유함의 쾌락. (3) 능숙함의 쾌락. (4) 친목의 쾌락. (5) 명성의 쾌락.

(6) 권력의 쾌락. (7) 경건함의 쾌락. (8) 자비심의 쾌락. (9) 악의의 쾌락. (10) 기억의 쾌락. (11) 상상의 쾌락. (12) 기대의 쾌락. (13) 연상에 의한 쾌락. (14) 안심의 쾌락.

3. 몇몇 단순한 고통은 다음과 같은 것들이 있는 듯하다. (1) 결핍의 고통. (2) 감각의 고통. (3) 서투름의 고통. (4) 반목의 고통. (5) 악명의 고통. (6) 경건함의 고통. (7) 자비심의 고통. (8) 악의의 고통. (9) 기억의 고통. (10) 상상의 고통. (11) 기대의 고통. (12) 연상에 의한 고통.[20]

4. (1) 감각의 쾌락은 다음과 같은 것들이 있는 듯하다. ① 배고픔과 목마름의 욕구를 만족시킬 때 경험하는 모든 쾌락을 포함하는, 기호나 미각의 쾌락. ② 도취의 쾌락. ③ 후각 기관의 쾌락. ④ 촉각의 쾌락. ⑤ 연상과 무관한 청

---

20 여기에 제시된 목록은 인간 본성이 느끼기 쉬운 몇몇 단순한 쾌락과 고통의 완전한 목록으로 간주될 수 있다. 그러므로 만일 어떤 원인에 의해서든 어떤 사람이 쾌락이나 고통을 느낀다면, 그 쾌락이나 고통은 곧바로 이런 종류 중 어느 하나에 속할 수 있거나 이런 종류로 분해할 수 있다. 이 목록이 당초 의도대로 완전한 목록임을 입증하기 위해 철저한 계획에 따라 이 문제를 분석적으로 고찰했다면 아마 독자에게는 만족스러웠을 것이다. 사실 이 목록은 그러한 분석의 결과다. 그러나 그것은 지나치게 형이상학적인 성격을 띠고 있어서 엄밀히 말해 이 책의 구상 범위 안에 있지 않기 때문에 지금으로서는 버리는 편이 더 낫다고 생각했다. 13장 「형벌에 부적당한 경우들」 2의 주석을 보라.

각의 단순한 쾌락. ⑥ 연상과 무관한 시각의 단순한 쾌락.
⑦ 성적 감각의 쾌락. ⑧ 건강의 쾌락, 또는 건강과 활력이
충만한 상태에서 특히 적절한 신체 운동을 할 때 일어나는
(이른바) 내적으로 유쾌한 느낌이나 기분의 흐름. ⑨ 새로움
의 쾌락, 또는 새로운 대상을 어떤 감각에 적용하여 호기심
의 욕구를 만족시켜서 얻는 쾌락.[21]

5. (2) 부유함의 쾌락은 어떤 사람이 향유 또는 안전을 위
한 수단의 목록에 들어 있는 하나 또는 여러 물품을 소유한
다는 의식으로부터 나오기 쉬운 쾌락을 의미할 수 있다. 특
히 그가 그 물품을 처음 손에 넣을 때에 느끼는 쾌락은 획
득의 쾌락 또는 취득의 쾌락이라 부를 수 있다. 그 밖의 경
우에는 소유의 쾌락이라 부를 수 있다.

(3) 능숙함의 쾌락은 특정 대상에 발휘되는 것으로서, 다
소간 어려움이나 노력 없이는 이용할 수 없는 특정한 향락
의 수단을 이용할 때 동반되는 쾌락이다.[22]

---

21 새로운 발상이 나타남으로써 자극되는 새로움의 쾌락도 있다. 이것은
상상력의 쾌락이다. 다음 13번 항목을 보라.

22 예컨대 노래를 부르거나 어떤 악기를 연주함으로써 청각을 만족시킬
수 있는 쾌락이다. 이렇게 얻는 쾌락은, 이와 마찬가지 방식으로 다른 사람
의 연주를 들음으로써 향유하는 쾌락에 덧붙여지는 쾌락이면서 그것과
완전히 구별되는 쾌락이기도 하다.

6. (4) 친목 또는 자천(自薦)의 쾌락은 어떤 사람이 이러저런 특정인 또는 특정인들의 선의를 얻거나 소유하고 있다는 확신에 수반될 수 있는 쾌락이다. 또는 말 그대로, 그 특정인 또는 특정인들과 사이가 좋다는 확신, 그리고 그 결실로서 그 특정인들의 자발적인 무료 봉사의 혜택을 얻고 있다는 확신에 수반될 수 있는 쾌락이다.

7. (5) 명성의 쾌락은 어떤 사람이 자기 주변 세계, 즉 그가 관계 맺을 가능성이 있는 사회 구성원들의 선의를 얻거나 소유하고 있다는 확신에 수반되는 쾌락이며, 그런 선의를 얻는 수단은 그들의 사랑이나 존중 또는 둘 다이다. 또한 그 선의의 결실로 그들의 자발적 무료 봉사의 혜택을 얻고 있다는 확신에 수반되는 쾌락이다. 이 쾌락은 좋은 평판의 쾌락, 명예의 쾌락, 또는 도덕적 제재의 쾌락이라고 부를 수도 있다.[23]

8. (6) 권력의 쾌락은 어떤 사람이 사람들의 희망과 두려움을 이용하여, 즉 자신이 사람들에게 줄 수 있는 어떤 봉사에 대한 희망이나 어떤 피해에 대한 두려움을 이용하여 그들이 자신에게 봉사의 혜택을 주도록 만들 수 있다는 확신

---

23 3장 「고통과 쾌락의 네 가지 제재 또는 원천에 관하여」를 보라.

에 수반되는 쾌락이다.

9. (7) 경건함의 쾌락은 어떤 사람이 절대적 존재의 선의
나 은총을 얻거나 소유하고 있다는 믿음에서 나오는 쾌락
이다. 또한 그 결실로서 이생이나 내생에 신이 특별히 약속
한 쾌락을 자신이 향유한다는 믿음에 수반되는 쾌락이다.
이 쾌락은 종교의 쾌락, 종교적 성향의 쾌락, 또는 종교적 제
재의 쾌락이라고 부를 수도 있다.[24]

10. (8) 자비심의 쾌락은 자비심의 대상이 될 수 있는 존
재들, 더 정확히 말하자면 우리가 알고 있는 감각적 존재들
이 소유하리라고 추측되는 쾌락을 봄으로써 생기는 쾌락이
다. 이런 존재로는 ① 절대적 존재, ② 인간, ③ 다른 동물들
이 있다. 이 쾌락은 선의의 쾌락, 공감의 쾌락, 또는 자비로운
혹은 사회적인 감정의 쾌락이라고 부를 수도 있다.

11. (9) 악의의 쾌락은 악의의 대상이 될 수 있는 존재들,
더 정확히 말하자면 ① 인간, ② 다른 동물들이 겪으리라고
추측되는 고통을 봄으로써 생기는 쾌락이다. 이 쾌락은 악
의의 쾌락, 성마른 욕구의 쾌락, 반감의 쾌락, 또는 악의의
혹은 반사회적 감정의 쾌락이라고 부를 수도 있다.

---

24 3장 「고통과 쾌락의 네 가지 제재 또는 원천에 관하여」를 보라.

12. (10) 기억의 쾌락은 어떤 사람이 이러저러한 쾌락을 향유한 후에, 또는 심지어 어떤 경우에는 이러저러한 고통을 겪은 후에 그 쾌락이나 고통을 실제로 향유하거나 겪은 순서나 상황을 정확히 회상하면서 이따금 경험하는 쾌락이다. 이 파생적 쾌락은 그것이 모방하는 본래의 지각들만큼이나 다양한 종류로 물론 구분될 수 있다. 이 쾌락은 단순한 회상의 쾌락이라고 부를 수도 있다.

13. (11) 상상의 쾌락은 실제와는 다른 순서로 떠오르는 기억에 의해 연상될 수 있고, 실제와는 다른 상황의 집합에 수반되는 쾌락을 명상함으로써 나오는 쾌락이다. 따라서 이 쾌락은 현재, 과거, 미래라는 세 기본 지점 가운데 어디에도 관계될 수 있다. 이 쾌락이 기억의 쾌락만큼 다양한 종류로 구분될 수 있다는 것은 명확하다.

14. (12) 기대의 쾌락은 **미래**의 시간과 관계가 있고 **믿음**의 감정에 수반되는 모든 종류의 쾌락을 깊이 생각함으로써 생기는 쾌락이다. 이 쾌락 역시 위와 같이 구분될 수 있다.[25]

15. (13) 연상의 쾌락은 어떤 대상이나 사건이 그 자체로

---

25 이 기대의 쾌락과 대조적으로 다른 모든 쾌락은 **향유**의 쾌락이라고 부를 수 있다.

는 아니지만 본래 쾌락을 주는 어떤 대상이나 사건과 마음 속에서 결합되는 어떤 연상만으로 우연히 산출될 수 있는 쾌락이다. 예컨대 체스 게임을 구성하는 일련의 사건에 의해 생기는 능숙함의 쾌락이 그런 경우다. 이것은 부분적으로는 그 자체로 쾌락을 주는 사건을 낳는 데 발휘되는 능숙함의 쾌락을 연상해서, 또 부분적으로는 권력의 쾌락을 연상함으로써 쾌락의 성질을 끌어낸다. 아무 목적 없이 하는 위험한 게임, 또는 그 밖의 운으로 하는 게임을 구성하는 사건에 의해 생기는 행운의 쾌락도 그런 경우다. 이런 게임은 부유함의 쾌락 가운데 하나, 즉 부를 얻는다는 쾌락을 연상함으로써 쾌락의 성질을 끌어낸다.

16. (14) 더 나아가 우리는 쾌락에 바탕을 둔 고통을 살펴볼 것이다. 마찬가지로 우리는 이제 고통에 바탕을 둔 쾌락을 살펴볼 수 있다. 따라서 **안심**의 쾌락, 또는 어떤 사람이 일정 시간 동안 어떤 종류의 고통을 견뎌 낸 후 그 고통이 멈추거나 가라앉을 때 경험하는 쾌락을 쾌락의 목록에 추가할 수 있다. 물론 이 쾌락은 고통의 종류만큼이나 많은 종류로 구분할 수 있다. 또한 그만큼 많은 기억, 상상, 기대의 쾌락을 낳을 수 있다.

17. (1) 결핍의 고통은 몇몇 종류의 쾌락 중 어떤 것을 현

재 소유하고 있지 못하다는 생각에서 생길 수 있는 고통이
다. 따라서 결핍의 고통은 그것에 대응되는 쾌락만큼이나,
그리고 그 결여가 고통을 일으키는 쾌락만큼이나 많은 종류
로 분류될 수 있다.

18. 세 가지 종류의 고통이 있는데 이것들은 몇몇 결핍의
고통이 여러 가지로 변형된 것일 뿐이다. 어떤 특정 쾌락을
각별히 향유하고 싶지만 그에 대해 확신에 가까운 기대가
전혀 없을 때 그 결과로 생기는 결핍의 고통은 특정한 명칭
을 갖는데, **욕망**의 고통 또는 만족되지 않은 욕망의 고통이
라고 부른다.

19. 어느 정도 확신에 가까운 기대를 가지고 향유하고자
했으나 그 기대가 갑자기 사라질 때, 그것은 실망의 고통이
라고 부른다.

20. 결핍의 고통은 다음 두 가지 경우에 후회의 고통이라
고 부른다. ① 그 고통이 한때 향유했으나 다시는 향유할 가
능성이 없어 보이는 쾌락의 기억에 바탕을 두는 경우, ② 그
고통이 실제로는 향유된 적이 없고 아마 기대한 적도 없었
지만, 실제로는 일어나지 않았으나 이러저러한 우연한 사건
이 일어났다면 향유할 수도 있었을 (것이라 가정할 수 있는) 어
떤 쾌락에 대한 관념에 바탕을 두는 경우.

21. (2) 몇몇 감각의 고통은 다음과 같다고 생각된다. ① 배고픔과 목마름의 고통, 또는 때때로 소화관에 들어가야 하는 적당한 물질의 결여가 낳는 불쾌감. ② 미각의 고통, 또는 입천장과 소화관의 다른 윗부분에 다양한 물질이 닿음으로써 생기는 불쾌감. ③ 후각기관의 고통, 또는 후각기관에 닿은 다양한 물질의 악취에 의해 생기는 불쾌감. ④ 촉각의 고통, 또는 피부에 다양한 물질이 닿아 생기는 불쾌감. ⑤ 청각의 단순한 고통, 또는 다양한 종류의 소리에 의해 감각기관에서 일어나는 불쾌감. 이것은 (앞서와 같이) 연상과 무관하다. ⑥ 시각의 단순한 고통, 또는 그런 것이 있다고 한다면, 눈에 보이는 영상에 의해 감각기관에서 일어날 수 있는 불쾌감. ⑦[26] 촉각과는 무관한 경우로, 지나친 더위와 추위로부터 생기는 고통. ⑧ 질병의 고통, 또는 인간이 본성적으로 걸리기 쉬운 몇몇 질병과 질환으로부터 생기는 격렬하고 불편한 감각. ⑨ 육체적으로든 정신적으로든 힘든 일의 고통, 또는 정신적인 것이든 육체적인 것이든 어떤 강렬한 노

---

26 성적 감각의 쾌락은 그것에 대응되는 적극적 고통이 없는 것 같다. 그것에 대응되는 고통은 결핍의 고통이나 정신적 종류의 고통, 만족되지 않은 욕망의 고통일 뿐이다. 만일 그런 탐닉의 결여에서 어떤 적극적인 육체적 고통이 생긴다면, 그것은 질병의 고통이라는 표제에 속하게 된다.

력에 수반되기 쉬운 불편한 감각.

22. (3)[27] 서투름의 고통은 때때로 향유나 안전을 위한 어떤 특정 수단을 이용하는 데 성공하지 못하거나 어떤 사람이 그 수단을 이용할 때 겪는 어려움에서 생기는 고통이다.[28]

23. (4) 반목의 고통은 어떤 사람이 한 특정인이나 여러 특정인의 악의를 받고 있다는 확신, 또는 말 그대로 그 혹은 그들과 사이가 좋지 않다는 확신, 그래서 결과적으로 그 사람 자신이 원인일 수 있는 이런저런 종류의 특정 고통을 받고 있다는 확신에 수반될 수 있는 고통이다.

24. (5) 악명의 고통은 어떤 사람이 미움을 산다는 확신,

---

27 새로움의 쾌락은 그것에 대응하는 적극적 고통이 없다. 어떤 사람이 어떻게 시간을 보내야 할지 모르는 상태일 때 경험하는 고통, 프랑스어로는 **권태**(ennui)라는 낱말로 표현되는 고통은 결핍의 고통이다. 이것은 모든 새로움의 쾌락뿐만 아니라 모든 종류의 쾌락이 결여됨으로써 생기는 고통이다.

부유함의 쾌락도 그것에 대응하는 적극적 고통이 없다. 그것에 대응하는 유일한 고통은 결핍의 고통이다. 만일 어떤 적극적 고통이 부유함의 결여에서 생긴다면, 그것은 어떤 다른 종류의 적극적 고통, 주로 감각의 고통과 관계된 것이다. 예컨대 음식의 결여에서 배고픔의 고통이 생기고 옷의 결여에서 추위의 고통 생기는 것 등등.

28 이것이 그 자체로 적극적인 고통인지 아니면 능숙함의 결여를 의식하는 데서 생기는 결핍의 고통일 뿐인지는 아마도 문제가 될 수 있다. 그러나 그것은 말의 문제일 뿐이고, 어느 쪽으로 결정될 것인가도 중요치 않다.

또는 자기 주변의 세계가 자신에게 악의를 갖고 있다는 확신에 수반되는 고통이다. 이 고통은 쾌락의 경우와 마찬가지로 나쁜 평판의 고통, 불명예의 고통, 또는 도덕적 제재의 고통이라고 부를 수 있다.[29]

25. (6)[30] 경건함의 고통은 어떤 사람이 절대자의 노여움을 사고 있다는 믿음, 그리고 그 결과로 이생에서든 내생에서든 절대자가 특별히 지정한 어떤 고통을 받으리라는 믿음에 수반되는 고통이다. 이 고통은 종교의 고통, 종교적 성향의 고통, 또는 종교적 제재의 고통이라고 부를 수도 있다. 이 믿음이 근거가 충분하다고 볼 수 있는 경우 이 고통을 흔히 종교적 공포라고 부르고, 근거가 불충분하다고 여겨질 경우

---

29 어떤 사람의 동료들이 어쨌든 그를 전혀 존중하지 않거나 선의로 대하지 않거나, 또는 사정이 달랐다면 그에게 품었을 존중이나 선의를 그에게 베풀지 않기로 한 것으로 추측되는 경우, 그리고 그에게 어떤 종류의 **좋은** 직책도 주지 않거나, 또는 사정이 달랐다면 그에게 부여했을 여러 **좋은** 직책을 그에게 부여하지 않기로 한 것으로 추측되는 경우, 그런 생각에서 나오는 고통을 결핍의 고통으로 간주할 수 있다. 또한 동료들이 그에게 일부러 **나쁜** 직책을 주고 싶어 할 정도로 그에게 혐오와 냉대를 보인다고 추측되는 경우, 그것은 적극적 고통으로 간주할 수 있다. 이런 경우에는 결여의 고통과 적극적 고통이 서로 구분할 수 없이 하나가 된다.

30 권력의 쾌락에 대응되는 적극적 고통은 없는 것 같다. 권력이 쾌락의 다른 모든 원천과 구별되는 한, 어떤 사람이 권력의 결여나 상실 때문에 느낄 수 있는 고통 결핍의 고통뿐인 것 같다.

에는 미신적 공포라고 부른다.[31]

26. (7) 자비심의 고통은 다른 존재들이 겪는다고 추측되는 고통을 보고 생기는 고통이다. 이 고통은 선의의 고통, 공감의 고통, 또는 자비로운 혹은 사회적인 감정의 고통이라고 부를 수도 있다.

27. (8) 악의의 고통은 우연히 어떤 사람의 불쾌감의 대상이 된 존재들이 향유한다고 추측되는 쾌락을 보면 생기는 고통이다. 이 고통은 악의의 고통, 반감의 고통, 또는 악의적 혹은 반사회적 감정의 고통이라고 부를 수도 있다.

28. (9) 기억의 고통은 위에서 말한 모든 종류의 고통, 그리고 적극적 고통뿐만 아니라 결핍의 고통에 바탕을 둔 것일 수 있다. 이 고통은 기억의 쾌락에 정확히 대응된다.

29. (10) 상상의 고통은 위에서 말한 모든 종류의 고통, 그리고 적극적 고통뿐만 아니라 결핍의 고통에 바탕을 둔 것일 수도 있다. 다른 면에서 보자면 이 고통은 상상의 쾌락에

---

31 경건함의 적극적 고통과 경건함의 쾌락에 대응되는 결핍의 고통은 반목이나 악명의 적극적 고통이 친목과 명성의 쾌락에 대응되는 결핍의 고통과 불가분의 관계인 것과 마찬가지로 서로 분리할 수 없는 하나다. 만일 신의 손 안에 있으면서도 두려워하는 것이 쾌락을 얻지 못하는 것일 뿐이라면, 그 고통은 결핍의 고통에 속하는 것이다. 게다가 만일 실제 고통이 두렵다면, 그것은 적극적 고통에 속하는 것이다.

정확히 대응된다.

30. (11) 기대의 고통은 위에서 말한 모든 종류의 고통, 그리고 적극적 고통뿐만 아니라 결핍의 고통에 바탕을 둔 것일 수 있다. 이 고통은 염려의 고통이라고 부를 수도 있다.[32]

31. (12) 연상의 고통은 연상의 쾌락에 정확히 대응된다.

32. 위의 목록 중에는 문제가 되는 사람의 쾌락이나 고통과 관계가 있는 다른 사람의 쾌락이나 고통의 존재를 가정한 쾌락과 고통이 들어 있다. 그런 쾌락과 고통은 **외부 관계적**인 것이라고 부를 수 있다. 그 밖의 쾌락과 고통은 그런 관계를 가정하지 않는다. 이런 쾌락과 고통은 **자기 관계적**인 것이라고 부를 수 있다.[33] 외부 관계적 종류의 쾌락과 고통에는 자비심과 악의의 쾌락과 고통만이 있다. 나머지는 모두 자기 관계적인 쾌락과 고통이다.[34]

33. 이 모든 종류의 쾌락과 고통은 한 가지 이상의 이유로

---

32 이 고통과 대조해서, 다른 모든 고통은 **안내**의 고통이라고 부를 수 있다.

33 10장 「동기에 관하여」를 보라.

34 이것은 친목의 쾌락과 고통이 자비심의 쾌락과 고통과 분명히 구별될 수 있고, 다른 한편으로는 반목의 쾌락과 고통이 악의의 쾌락과 고통과 분명히 구별될 수 있다는 것을 뜻한다. 친목과 반목의 쾌락과 고통은 자기 관계적 성질을 지닌 것이고, 자비심과 악의의 쾌락과 고통은 외부 관계적인 것이다.

법적 고려의 대상에서 벗어날 만한 것이 거의 없다. 위법행위를 하고 있는가? 위법행위는, 이런저런 사람들의 이런 쾌락 가운데 어떤 것을 틀림없이 파괴하거나 이런 고통 가운데 어떤 것을 틀림없이 낳는 경향이 있기 때문에, 해롭기도 하고 처벌의 근거가 되기도 한다. 위법행위의 동기나 유혹이 되는 것도 바로 이런 쾌락 가운데 어떤 것을 얻거나 이런 고

---

35 여러 가지 복합적 쾌락과 고통의 목록을 제시하고 그것들 각각을 구성하는 여러 가지 단순한 쾌락과 고통으로 그것들을 분석하는 것은 호기심을 충족하는 것일 뿐만 아니라 어느 정도 쓸모 있는 일이기도 할 것이다. 그러나 그런 연구는 여기서 하기에는 지면을 너무 많이 차지할 것이다. 하지만 예시를 목적으로 하는 간단한 견본은 없어서는 안 된다.

눈과 귀가 받아들이는 쾌락은 일반적으로 매우 복합적이다. 예컨대 시골 풍경을 보는 쾌락은 보통 무엇보다도 다음과 같은 쾌락으로 구성된다.

(1) 감각의 쾌락

① 기분 좋은 색깔과 모양, 푸른 들판, 살랑거리는 나뭇잎, 반짝이는 물, 기타 등등을 지각함으로써 자극되는 시각의 단순한 쾌락.

② 새들이 지저귀는 소리, 시냇물이 졸졸 흐르는 소리, 나무들 사이로 바람이 스치는 소리를 지각함으로써 자극되는 청각의 단순한 쾌락.

③ 꽃이나 갓 베어 낸 풀, 또는 그 밖의 막 발효되기 시작한 식물성 물질의 향기를 지각함으로써 자극되는 후각의 쾌락.

④ 피가 활발하게 돌고, 도시에서 들이마시는 공기와 흔히 비교되는 시

통 가운데 어떤 것으로부터 안전하리라는 예상이다. 그리

통 가운데 어떤 것으로부터 안전하리라는 예상이다. 그리고 이런 예상을 달성하는 것이 그 위법행위의 이익을 구성한다. 그 범법자는 처벌받아야 할까? 이런 고통 가운데 하나 또는 그 이상을 낳을 때에만 처벌이 가해질 수 있다.[35]

골 공기처럼 맑은 공기를 폐로 호흡할 때 생기는 기분 좋은 내적 감각.

(2) 연상에 의해 생기는 상상의 쾌락

① 눈에 보이는 대상을 소유하는 데서 나오는 풍요의 관념과 그 관념에서 생기는 행복의 관념.

② 새, 양, 소, 개 등등 온순하거나 집에서 기르는 동물에 의한 천진함과 행복의 관념.

③ 이 모든 피조물들이 향유한다고 생각되는 건강함의 지속적 흐름이라는 관념. 이 관념은 가상의 관찰자가 향유하는 건강함의 우연적 흐름에서 생겨나기 쉽다.

④ 이런 축복의 창조자로 우러러보는 전능하고 자비로운 절대자(Being)를 명상함으로써 자극되는 감사의 관념.

이 마지막 네 가지 모두는 적어도 어느 정도는 공감의 쾌락이다.

어떤 사람에게서 이런 종류의 쾌락을 빼앗는 것은 그를 감옥에 가둠으로써 생기기 쉬운 해악 중 하나다. 불법적 폭력에 의한 것이든 법이 정한 처벌에 의한 것이든 그렇다.

벤담론
존 스튜어트 밀

벤담론[1]

존 스튜어트 밀

당대의 뜻있는 이들 사이에서 널리 논의된 중요한 사상
대부분에 대해서뿐만 아니라, 사고와 연구 조사의 일반적
방식에 일으킨 혁명에 대해서도, 우리나라는 최근에 별세한
두 분에게 빚을 지고 있다. 이분들은, 다른 거의 모든 면에서
는 서로 다르지만, 연구실에만 틀어박혀 있는 학자들이었다
는 점에서는 똑같았다. 두 사람 모두 환경과 자기 성격의 뒷
받침을 받으며 세상사나 세상과의 교류와는 기이할 정도로
담을 쌓고 살았다. 또한 생애의 대부분을, 여론을 주도하는
이들에게 (그들이 자신들에게 하는 말을 우연히 듣곤 했는데) 경
멸에 가까운 소리를 들었다. 그러나 이분들은 모든 시대에

---

1 「런던 및 웨스트민스터 평론(London and Westminster Review)」, 1838년
가을호.

인류에게 주어졌던 한 가지 교훈을 거듭 강조하지 않으면 안 될 운명이었고, 그래서 늘 무시당했다. 피상적 사고를 하는 이들에게는 사는 데 필요한 일이나 인간의 물질적 이익과는 아주 동떨어진 것처럼 보이지만, 실제로는 사람들에게 지대한 영향을 끼치는 이 지상의 것이자, 그 철학 자체가 복종해야 하는 것들 말고는 다른 모든 영향력을 결국 압도하는, 그러한 사변철학을 설명하는 것이 이 분들의 운명이었던 것이다. 우리가 말하고 있는 이 저자들의 글은 많은 사람들에게 읽히지 않았다. 이분들의 저작을 모욕하는 많은 이들을 제외하고는 독자가 별로 없었다. 그러나 이분들은 스승 중의 스승이었다. 영국에서 정신세계의 관록을 가진 개인치고 (그가 나중에 어떤 견해를 갖게 되었을지언정) 이 두 분 중 한 분에게 생각하는 법을 최초로 배우지 않은 사람은 거의 찾아볼 수 없다. 또한 이분들의 영향력이 이러한 중간 경로들을 통해 사회 전반에 확산되기 시작했지만, 이분들이 식자층에게 제기한 바가 출판물로 나온 것은 거의 아무것도 없다. 만일 이분들이 존재하지 않았다면, 그 결과는 지금의 현실과 달랐을 것이다. 이분들은 바로 제러미 벤담과 새뮤얼 테일러 콜리지라는, 당대 영국의 두 위대한 독창적 지성이다.

이 비범한 인물들의 정신적 특질과 영향을 여기서 비교할 생각은 없다. 두 인물을 따로 고려하여 온전한 평가를 먼저 하지 않는다면 그 비교가 불가능하기 때문이다. 여기서는 두 인물 중 한 사람, 즉 그의 저작 전집 편찬이 아직 진행 중이고, 진보주의와 보수주의에 속하는 모든 저자들로 구성되는 분류 체계 속에서 우리들과 같은 부류에 속하는 유일한 인물에 관해 평가하고자 한다. 왜냐하면 두 사람이 어느 한쪽 명칭만으로 정확하게 규정될 수 없을 만큼 너무도 위대한 인물들이지만, 그럼에도 대체로 벤담은 진보적 철학자였고 콜리지는 보수적 철학자였기 때문이다. 벤담은 주로 진보적 부류의 사람들에게 영향을 미쳤고, 콜리지는 보수적인 사람들에게 영향을 끼쳤다. 또한 두 사람이 준 충격으로 정신의 바다에 퍼져 나가고 있는 동심원의 두 체계는 이제 막 만나서 교차되기 시작했다. 두 사람의 저작에는 자기 편 사람들이 푹 빠져 있는 오류와 결점에 관해 그들에게 주는 혹독한 가르침이 들어 있다. 그러나 벤담에게 그것은 현존하는 정책 원칙 및 제도와 모순되는 사실들을 더욱 분명하게 알아차리도록 하기 위한 것이었고, 콜리지에게는 현존하는 정책 원칙과 제도 안에 있으나 도외시되고 있는 것들을 깨닫게 하는 것이 목적이었다.

세계에 관해 아주 많은 지식을 가지고 있고 당대 공무원들 사이에서 실제 능력과 총명함으로 가장 높은 명성을 얻은 어떤 이가 (그는 벤담의 추종자도, 부분적으로든 전면적으로든 전혀 벤담 학파에 속하지도 않은 사람인데) 한번은 내게 말하기를, 자신이 관찰한 결과로 보자면 의문을 품는 정신, 즉 모든 것에 왜라는 질문을 던지는 기질은 다른 어느 누구보다도 벤담에게서 찾아볼 수 있으며, 이러한 정신이 더욱 더 세력을 강화하여 당대에 아주 중요한 결과를 낳고 있다는 것이었다. 이 주장을 더 많이 검토하면 할수록, 그것이 맞는 말임을 더욱 더 잘 알게 될 것이다. 벤담은 이미 확립되어 있는 것들에 의문을 던지는 이 시대, 이 나라의 위대한 질문자였다. 권위라는 멍에가 부서지고, 이전에는 이론의 여지가 없는 전통으로 받아들여지던 수없이 많은 견해들이 공격받으면서 설명을 요구 받은 것은, 바로 그의 글들이 상당히 많은 수의 뜻있는 이들에게 불어넣은 사고방식의 영향력에 의한 것이다. 벤담 이전에 (세세한 사항들에 관해 어떤 논란이 있었다 한들) 누가 감히 영국의 헌법이나 법률에 관해 명시적 표현으로 경멸하는 말을 하려 했는가? 그는 그렇게 했고, 그가 주장한 바와 본보기 행동 모두가 다른 이들에게 용기를 주었다. 그의 글들이 선거법 개정 법안(the Reform Bill)의 원인이 되었다거나, 정부 특별 지출예산 조항(the Appropriation Clause)의 아버지가 벤담이라는 말이 아니다. 우리의 제도에서 이제껏 이루어진 변화와 앞으로 이루어질 더 큰 변화들은, 철학자들이 아니라 근래에 힘을 갖게 된 사회의 더 큰 구성 부분들의 이해관계와 본능이 하는 작업이라는 것이다. 그런데 벤담은 그 이해관계와 본능을 말로 표현했다. 벤담이 그 말을 꺼내기 전까지는, 우리의 제도가 자신들에게 적합지 않다는 것을 알게 된 사람들이 그 사실을 감히 말하려 하지 않았고, 감히 의식적으로 그렇게 생각하려 하지 않았다. 그들은 그 제도의 탁월함이 교양 있는 이들과 공인된 지성인들에게 의문을 제기 받았다는 말을 들어 본 적이 없었다. 또한 연합 세력을 이룬 식자층의 권위에 맞서는 것은 교육받지 못한 이들에게 본질적으로 맞지 않는 일이다. 벤담은 그 주술을 부수었다. 그것은 벤담이 자신의 글을 통해 한 일이 아니었다. 그것은 그 글들이 영양분을 공급한 사람들과 그들의 펜을 통해, 즉 세계와 더 직접 접촉하고 있는 사람들 속으로 벤담의 정신이 흘러들어 감으로써 그들을 통해 벤담이 이루어 낸 일이었다. 만일 조상들의 지혜에 관한 미신이 쇠잔해졌다면, 만일 대중이 자신들의 법률과 제도가 대부분 지성과 미덕의 산물이 아니라 아주 오래된 미개와

접목된 현대의 부패의 산물이라는 생각과 친숙해지게 된다면, 만일 가장 힘든 혁신을 그것이 혁신이기 때문에 더는 찾아다니지 않고, 기득권층이 기득권층이기 때문에 더는 성스럽게 생각하지 않는다면, 민심이 이러한 생각들에 친숙해지도록 해 준 사람들이 벤담 학파에게 배운 사람들이고, 아주 오래된 제도들에 대한 공격이 대부분 그가 제공한 무기를 갖고 이제까지 이루어졌고 지금도 그렇다는 것을 알게 될 것이다. 이러한 사상가들, 또는 실제로는 어떤 부류의 사상가들이건 간에, 이들을 선거법 개정 운동의 전면에 두드러지게 나타난 인물들 가운데에서는 별로 찾아볼 수 없다는 것은 중요치 않다. 직접적 혁명운동을 제외한 모든 운동은 그것을 시작한 사람들에 의해서가 아니라 낡은 견해와 새로운 견해 사이에 타협점을 모색하는 가장 좋은 방법을 알고 있는 사람들에 의해 주도된다. 정책 원칙과 제도 두 가지 모두에서 영국 혁신의 아버지는 벤담이다. 그는 이 나라 당대의 위대한 체제 전복적, 또는 대륙 철학자들의 언어로 말하자면 위대한 비판적 사상가다.

그러나 우리는 이것이 그의 명예에 걸맞은 가장 높은 칭호라 생각하지 않는다. 이런 호칭을 받았음에도, 그는 정신적 유력자들 가운데 가장 낮은 등급, 즉 부정적이거나 파괴적인 철학자들, 거짓인 것은 알아볼 수 있으나 참인 것은 알아보지 못하고 사람들이 시간의 승인을 받은 견해와 제도의 모순과 불합리를 깨닫도록 하기는 하나 그것을 치워 버린 자리에는 아무것도 가져다 놓지 못하는 철학자들의 등급에 자리매김 당할 뿐이었다. 우리는 그러한 인물들이 기여한 바를 폄하하고 싶지 않다. 인류는 그들에게 빚진 것이 많다. 또한 아주 많은 거짓된 것이 참으로 믿어지고, 과거에는 참이었으나 더는 참이지 않게 된 아주 많은 것이 그 뒤로도 오랫동안 참으로 믿어지는 세상에서는, 그들이 할 일이 여전히 있을 것이다. 그러나 사람들이 불합리를 바로잡을 사실을 간파하지는 못한 채 그저 불합리를 알아볼 수 있도록 만드는 자질은 가장 진귀한 재능에 속하는 것이 아니다. 용기, 말의 예리함, 여러 가지 논증 방식의 구사 능력, 대중적 말투 등은 가장 얄팍한 수준의 교양을 지닌 사람을, 존경을 받을 만한 자격은 전혀 없으되 저명한 부정적 철학자로 만들 수 있다. 그런 사람들은 문명이 존재한 이래로 어느 시대에나 넘쳐 났다. 그래서 일찍이 벤담이 영향을 끼친 시기 역시, 인간 정신의 더욱 고귀한 산물이 빈약함에 비례하여, 바로 그런 사람들이 위세를 떨치던 시기였다. 전통적 정책 원칙의 의미 가운데 가장 가치 있는 부분이 습관에 따라 그것을 기계적으로 신봉하는 사람들의 마음에서조차 희미해져 버린 교회 형식주의와 국가 부패의 시대는 온갖 회의적 철학을 부추기는 시대였다. 이에 따라, 프랑스에서는 볼테르와 그를 따르는 부정적 사상가들의 학파가 나타났고, 영국 (또는 좀 더 정확히 말해서 스코틀랜드)에서는 데이비드 흄이라는, 기록된 인물 가운데 가장 심오한 부정적 사상가가 나타났다. 그는, 프랑스의 회의주의자들은 분석과 추상화 면에서 상대적으로 힘이 미약하여 아주 일찌감치 파고 들어가기를 **멈춰 버렸고,** 독일의 섬세한 지성만이 그 진가를 알아보고 경쟁자가 되기를 바랄 수 있었던 수준의 깊이에서, 증명의 실패와 논리적 일관성의 결여를 탐지해 내는 정신적 자질을 지닌 인물이었다.

만일 벤담이 흄의 작업을 그저 계속했다면, 그는 철학 면에서 명성을 얻지 못했을 것이다. 왜냐하면 그는 흄의 자질 면에서 흄에 한참 미치지 못했고, 형이상학자로서는 어떤 면에서도 탁월함이 없었기 때문이다. 우리는 그의 지성이 지닌 특징 가운데에서 섬세함이나 심오한 분석력을 찾으려 해서는 안 된다. 섬세함이라는 자질 면에서는 그보다 부족한 위대한 사상가가 별로 없었다. 또한, 어떤 중요한 기준을 가지고, 자신이 벤담과 같은 부류라는 것을 인정하는 한

90

지성에게서 심오한 분석력을 찾자면, 우리는 돌아가신 제임스 밀 선생에게 도움을 청해야 한다. 그는 18세기 형이상학자들의 위대한 자질과 그들의 작업을 완성하고 교정할 만한 존경스러운 자격을 부여해 준 다른 성격의 자질을 함께 지닌 분이다. 벤담은 이러한 독특한 재능을 지니지는 않았지만 저열하지 않은 다른 자질을 지니고 있었는데, 그것은 그의 선배 중 누구도 지니지 못한 것이었다. 또한 그 자질은 그를, 그의 선배들의 영향력에서 멀찍이 벗어난 세대에게 주는 빛의 원천이자, 우리가 그를 그렇게 부르듯 그의 선배들이 전복할 수 없었던 모든 것을 오랫동안 잊어버린 시대의 주요한 체제 전복적 사상가로 만들어 준 것이었다.

그를 무엇보다도 단순히 부정적 철학자로, 즉 비논리적 주장을 논박하고, 궤변을 폭로하고, 모순과 불합리를 찾아내는 철학자로 부른다면, 그 역할에서조차 그에게는 흄이 들어가지 못한 넓게 비어 있는 영역이 남아 있었는데, 그는 그 영역 가운데 전례 없는 정도로 넓은 부분, 즉 실질적 악습이라는 영역을 다루었다. 이것은 벤담 특유의 영역이었다. 그의 기질의 온 취향에 의해 그는 이 영역으로 호출되었다. 실질적 사물이 되어 버린 불합리에 맞서는 전쟁을 수행하는 일이었다. 그는 본질적으로 실무가였다. 그가 처음으로 깊은 사색에 잠기게 된 것이 바로 실질적 악습에 의해서였다. 즉 그에게 포착된 직무상의 악습 문제, 바로 법률의 악습 문제에 의해서였다. 자신에게 처음으로 충격을 준 특정 악습이 무엇인지를 그 스스로 말한 바가 있었는데, 그 악습을 보고 놀라 뒷걸음질을 쳐보니 무너질 듯한 악습의 거대한 산 전체가 모습을 드러낸 것이었다. 그것은 바로 대법원 서기의 사무실에서 의뢰인에게 1회만 출석했는데도 3회 출석에 해당하는 보수를 지불하게 하는 관습이었다. 조사를 통해 그가 알아낸 바로는, 법이 온통 그런 것들로 이루어져 있었다. 그러나 이러한 발견을 그가 처음 한 것일까? 아니었다. 그러한 사실들은 활동하고 있는 모든 변호사와 판사석에 앉아 있는 모든 판사가 알고 있었다. 그러나 그 이전에도 그렇고 그 뒤로도 오랫동안 그러한 사실들이 이 식자들에게 어떤 분명한 양심의 가책을 느끼게 하지도 않았을 뿐더러, 그들이 책에서, 의회에서, 또는 판사석에서 기회가 주어질 때마다 그러한 법이 지성의 완성이라고 주장하는 것을 막지도 못했다. 아주 여러 세대가 지나가는 동안, 그 각각의 세대 속에 교육 받은 수많은 젊은이들이 연이어 벤담의 위치에 놓였고 벤담의 기회를 가졌지만, 오직 벤담만이, 그러한 것들이 아무리 이익을 많이 가져다준다 할지라도 사기이며, 그러

한 것들과 자기 자신 사이에는 어떤 고정된 만(gulf) 같은 것
이 존재한다고 자기 자신에게 말할 수 있을 만큼 충분한 도
덕적 분별력과 자립성을 가지고 있음이 드러났다. 자립성과
도덕적 분별력의 이 희귀한 결합에 대해 우리는 벤담이 수
행한 일에 빚을 지고 있다. 흔치 않게도 15세라는 어린 나이
에 아버지에 의해 옥스퍼드 대학에 보내진 그는 (입학을 위해
39개조 규약에 대한 신념을 선서해야 했는데) 그 규약들을 검토
할 필요를 느꼈다. 그 검토를 통해 의문을 느꼈기 때문에 그
의문을 해소하고자 했지만, 기대한 만족감을 얻기는커녕 그
처럼 어린아이가 교회의 위대한 어른들에게 자신의 판단을
제시하는 것은 적절치 않다는 말을 들을 뿐이었다. 한 차례
투쟁 뒤에 그는 서명했지만 자신이 비도덕적 행위를 했다는
느낌은 지울 수 없었다. 그는 자신이 거짓을 행했다고 생각
했고, 생애 내내, 그렇게 거짓을 명하는 모든 법률과, 그러한
거짓에 보상을 하는 모든 제도들을 분연히 고발하는 일을
멈춘 적이 없었다.

이렇게 비판과 논박의 전쟁, 실질적 악의 영역으로까지
들어간 거짓과 불합리와의 충돌을 감행함으로써 벤담은,
다른 것은 아무것도 행하지 않았다 할지라도, 지성사에서
중요한 자리를 차지할 수 있었을 것이다. 그는 이 전쟁을 중

단 없이 수행했다. 그의 생애 중 아주 흥미진진한 시기의 많은 시간뿐만 아니라, 그의 전 저작 가운데 가장 완성도가 높은 몇몇 책, 즉 『이자 옹호론(Defence of Usury)』, 『그릇된 믿음에 관하여(Book of Fallacies)』, 그리고 블랙스톤[2]을 맹공격하는 익명으로 출간된 『정부에 관한 단상(A Fragment on Goverment)』은 온전히 이 싸움을 위한 것이었다. 그런데 『정부에 관한 단상』은 그의 첫 저작이면서 그 문체 때문에 나중에 아주 많이 비웃음을 받은 책이지만, 그것에 담긴 생각뿐만 아니라 문체 때문에도 최고의 찬사를 받았고, 맨스필드 경의 책으로, 캠던 경의 책으로, 그리고 (존슨 박사에 의해) 당대 변호사들 가운데 가장 훌륭한 문체를 지닌 이들 중 한 사람인 더닝의 책으로 연이어 오인되기도 했다. 이 책들 모두가 독창적 저작이다. 부정적 학파의 저작이라 할지라도, 이 책들은 과거에 부정적 철학자들이 쓴 책들과 전혀 비슷하지 않고, 벤담이 현대 유럽의 체제 전복적 사상가들 사이에 그만의 독특한 자리를 마련하는 데 부족함이 없었다. 그러나 그와 그들 사이에 실제 차이를 만들어 내는 것은 이 저작들이 아니다. 더 깊은 차이가 있었다. 그들은 단순히 부정

---

2 블랙스톤(Sir William Blackstone, 1723-80): 영국의 법률가. -역주

적 사상가들이었고, 그는 적극적 사상가였던 것이다. 그들은 오류를 공격했을 뿐이지만, 그는 자신이 오류를 대신할 진실을 뿌리박게 할 수 있다고 생각할 때까지는 그러한 공격을 하지 않는 것을 양심의 핵심으로 삼았다. 그들의 성격은 분석적일 뿐이었지만, 그는 종합적이었다. 그들은 어떤 주제에 관해서건 기존에 받아들여지고 있는 견해를 출발점으로 삼고, 자신들의 논리적 도구들을 가지고 그 주변을 파헤치고, 그 토대에 결함이 있다고 선언하고, 그것을 비난했다. 그러나 그는 **처음부터 새로** 시작해서, 자기 스스로 깊고 확고히 토대를 놓고, 자기 고유의 구조물을 세우고 나서, 사람들에게 그 둘을 비교하게 했다. 그리고 스스로 문제를 해결하거나 해결했다고 생각했을 때에야 그는 다른 모든 해결책이 잘못된 것이라고 선언했다. 이런 이유로, 그들이 내놓은 해결책은 지속될 수 없을 것이고, 사라질 수밖에 없으며, 그 중 많은 것이 그것이 논파한 오류들과 함께 이미 사라졌다. 그러나 그가 내놓은 해결책은 그 고유의 가치를 지니고 있었고, 그 가치에 의해, 그 해결책이 반대하는 모든 오류들을 뛰어넘어 더 오래 지속될 것임이 틀림없다. 우리가 종종 그래야 하기 때문에 그의 실질적 결론들을 받아들이지 않는다 할지라도, 그의 결론이 도출된 전제와 사실의 축적과 관찰은 철학적 자료의 일부로서 영원히 남아 있을 것이다.

따라서 지혜의 대가들, 인류의 위대한 스승들과 영원한 지성들 사이에 벤담을 위한 한 자리가 마련되어야 한다. 그는 불멸의 재능을 가지고 인간의 삶을 풍요롭게 한 이들 가운데 한 사람이다. 또한 이 재능이 다른 모든 재능을 능가하지도 않고, 그를 무시하는 이들의 경시와 경멸에 대한 자연스러운 반발로 그를 존경하는 많은 이들이 한때 그의 주변에 모여들면서 한 말처럼 "모든 그리스의 명성과 모든 로마의 명성을 넘어서는" 영예를 그에게 부여할 만한 것이 아니라 할지라도, 그가 하지 않은 일 때문에 그가 한 일을 존경하는 마음으로 인정하려 하지 않는 것은 훨씬 더 나쁜 잘못이며, 천박한 이들에게는 용납될지언정 교양 있고 교육받은 사람들이라면 누구도 인정할 수 없는 잘못이다.

만일 가능한 한 가장 적은 단어를 써서, 우리가 생각하기에 인류의 이 위대한 지적 은인들 가운데 벤담의 자리가 어디인지, 그는 어떤 인물이었고 어떤 인물이 아니었는지, 그가 진리에 기여한 것과 기여하지 않은 것이 어떤 종류의 것인지 말해 보라는 질문을 받는다면, 우리는 그가 위대한 철학자가 아니라 철학의 위대한 개혁자였다고 말하는 것이 바람직하다. 그는 철학이 매우 필요로 했고 그것이 결여되어 있어 철학이 어찌할 바를 몰라 했던 무언가를 철학에 도입했다. 이 일을 행한 것은 그의 주의가 아니라 그가 그 주의에 도달하는 방법이었다. 그는 과학적 사고에 필수이자, 그 결여로 인해 베이컨 이전의 물리학이 그랬던 것처럼, 조사 연구의 분과들이 끝없는 토론을 하고도 아무런 결론에 도달하지 못하는 분야가 되어 버렸던 사고 습관과 조사 방법을 도덕과 정치에 도입했다. 요컨대 그가 한 일의 새로움과 가치를 만들어 낸 것은 그의 견해가 아니라 그의 방법이었다. 그 가치는, 우리가 확실히 그의 견해 자체의 대부분은 받아들이지 않듯이, 그 전부를 받아들이지는 않는 것이 바람직하다 할지라도, 값을 매길 수 없는 것이다.

벤담의 방법은 세부 항목의 방법, 즉 전체를 부분으로 나누어 다루고, 추상적 개념을 사물로 변형시켜서, 다시 말해 분류되어 있고 일반화되어 있는 것을 그것이 구성되어 있는 개별적인 것들로 구분하고, 모든 질문에 해답을 내놓으려 하기 전에 그것을 세부 질문으로 쪼개어 다루는 방법이라고 간단히 설명할 수 있다. 논리적 개념으로서 고려해야 할 이 과정의 독창성의 정확한 양, 즉 자연과학 방법 또는 베이컨과 홉스와 로크가 과거에 한 작업과의 관련 정도는 이 자리에서는 본질적 고려 대상이 아니다. 그의 방법에, 그가 그 방법을 적용한 주제들에, 그리고 그가 그 방법을 고수한 엄밀성에 얼마만한 독창성이 있었건 간에, 그것에는 가장 위대한 면이 있었다. 거기서부터 그의 끊임없는 분류가 나왔다. 거기서부터 가장 인정받는 진실에 관한 그의 정교한 설명이 나왔다. 살인, 방화, 강도가 나쁜 짓이라는 것을 그는 증명 없이는 당연하게 여기지 않는다. 만일 그것이 아주 자명한 것으로 보인다면, 그는 최종적 수준의 정밀함을 가지고 그 이유와 이치를 알고자 한다. 그는 모든 서로 다른 범죄의 해악을 그것이 1등급인지, 2등급인지, 3등급인지에 따라 구별하고자 한다. 그것은 다음과 같다. ① 피해자, 그리고 그와 개인적 관계가 있는 사람들에 대한 해악. ② 앞선 예가 낳는 **위험**, 그리고 불안하다는 느낌으로 인한 **공포** 또는 고통스러운 느낌. ③ 공포로 인한 산업과 유용한 활동의 위축, 그리고 **위험**을 막기 위한 대가로 지불해야 하는 수고와 자원. 이렇게 열거한 뒤에, 그는 인간 감정(feeling)의 법칙으로부터, 이 해악 가운데 첫째 것, 즉 직접 피해자의 고통조차 그 가해자가 거두는 쾌락보다 평균적으로 훨씬 무겁고, 다른 모든 해악이 고려되면 훨씬 더 많다는 것을 증명한다. 이것이 증명될 수 없다면, 그는 정당성을 인정하기 어려운 처벌의 고통을 설명하려 할 것이다. 또한 형식을 갖추어 그것을 증명하는 수고를 택하는 데 대해 그는 이렇게 변론한다. "이미 인정받고 있으므로, 그 자체를 위해서가 아니라, 그것에 의존하는 다른 진실들을 받아들이기 위한 어떤 틈을 만들어야 한다는 것을 증명할 필요가 있는 진실들이 있다. 바로 이런 방식으로 우리는 첫째 원칙들을 받아들일 준비를 하는데, 이 첫째 원칙들은 일단 받아들여지면 다른 모든 진실들을 받아들이기 위한 방법을 준비한다."[3] 이 말에 덧붙이자면, 이런 방식으로 또한 우리는 더욱 복잡하고 더욱 의심할 만한 문제의 의문점들을 마찬가지로 해체하는 사고방식을 훈련한다.

　오류는 일반화 속에 숨어 있다는 말, 즉 인간의 마음은 어떤 복잡한 전체를 모두 조사해서 그 전체를 이루는 부분들의 목록을 만들어 내기 전까지는 그 전체를 받아들일 만한 능력이 없다는 것, 추상화한 것은 그 **자체로는** 현실이 아니라 나타나는 사실들을 축약하는 방법이라는 것, 그리고 현실을 다루는 유일한 실질적 방법은 (경험으로건 의식으로건) 그 속에서 나타나는 사실들을 되짚어 보는 것이라는 말은 온당한 금언이며, 벤담 이전에는 누구도 그렇게 일관되게 적

---

3 전집의 1부, 161-162쪽.

용하지 않은 금언이다. 이 원칙을 밀고 나가면서 벤담은 도덕적이고도 정치적인 논증에서 흔히 쓰이는 방법들을 간단히 검토하여 처리한다. 그가 보기에 이 방법들은 그 원천을 추적해 보면 대부분 빈말로 끝났다. 정치학에서는 자유, 사회질서, 헌법, 자연법, 사회계약 등등의 말들이 선전 문구일 뿐이었고, 윤리학에도 그와 비슷한 말들이 있었다. 도덕과 정책에 관한 가장 심각한 의문들의 중심 주제가 바로 이러한 논점들이었다. 즉, 그것들은 이유를 제시하지 않고 이유를 암시하는 표현들, 그리고 인간의 일반적 정서라는 상급법원에, 또는 진리일 수도 그렇지 않을 수도 있지만 아무도 그 한계를 비판적으로 검토해 본 적이 없이 익숙하게 사용하고 있는 어떤 금언이라는 상급법원에 약식 항소(summary appeal)를 하는 상투적 표현들이다. 그런데 이것은 다른 사람들은 만족시켰지만 벤담은 그러지 못했다. 그는 견해에 대한 이유로서 견해 이상의 것을 요구했다. 어떤 것을 옹호하거나 반대하는 주장으로 사용되는 빈말을 발견할 때마다, 그는 그것이 무슨 뜻인지, 즉 그 빈말이 어떤 기준에 호소하는 것인지, 아니면 논점과 관련된 어떤 사실을 암시하는 것인지 알아야겠다고 요구했다. 그리고 만일 그 어느 쪽도 아니라는 것을 알게 되면, 그는 그것을 논자가 그에 합당한 이유를 제시하지 않고 그 자신의 개인적 정서를 다른 사람들에게 강요하려 하는 것이자, "어떤 외적 기준에 호소하는 의무를 회피하고, 독자를 구슬려서 저자의 정서와 견해를 이유로, 그것도 그 자체로서 충분한 이유로 받아들이게 하려는 책략"으로 취급했다. 벤담은 이 문제에 관해 이렇게 말할 것이다. 아래 인용문은 그의 최초의 체계적 저작 『도덕과 입법의 원칙 서론』에서 가져온 것인데, 그의 철학적 논의 방식이 지닌 힘과 약함 모두의 예를 이보다 더 강력하게 보여 주는 구절을 찾아내기 힘들 것이다.

인간이 우연히 발명한 다양한 물건들을 관찰하는 것은 충분히 호기심을 끄는 일이다. 그러나 이렇게 아주 일반적이어서 충분히 참아 줄 만한 자만심을 세상에도 숨기고 가능하다면 자기 자신에게도 숨기기 위해 사람들이 내놓는 다양한 문구들을 관찰하는 것도 아주 호기심이 당기는 일이다.

1. 어떤 사람이 말하기를, 자신은 무엇이 옳고 무엇이 그른 것인지를 자신에게 말해 줄 목적으로 만든 것을 가지고 있는데, 그것은 **도덕감각**(moral sense)이라 불린다고 한다. 그리고 그는 편안하게 일하러 가서 이런 것은 옳고 저런 것은 그르다고 말한다. 왜? "왜냐하면 내 도덕감각

이 그렇다고 말해 주니까."

2. 또 어떤 사람이 나오더니 위의 문구를 바꾼다. '**도 덕**(moral)'을 빼고 그 자리에 '**상식적**(common)'을 넣는 것으로. 그러고는 당신에게 말하기를 앞 사람의 도덕감각이 그랬던 것만큼 확실하게 자신의 상식(common sense)이 자신에게 무엇이 옳고 그른 것인지를 가르쳐 준다고 한다. 그에 따르면 상식은 모든 인간이 소유하는 어떤 종류의 감각을 뜻한다. 다른 사람들의 감각이 자신의 감각과 똑같지 않으면 고려할 가치가 없는 것으로 제외된다는 것이다. 이 고안물이 앞의 것보다 분명히 낫다. 왜냐하면 도덕감각은 새로운 것이어서 어떤 사람은 그것이 자신에게 없는데도 열심히 더듬어 찾으려 할 수 있지만, 상식은 천지창조만큼이나 오래된 것이어서 자기 이웃만큼 상식을 가지고 있지 않다고 여겨지는 것을 부끄러워하지 않을 사람은 없기 때문이다. 상식은 또 하나의 큰 장점이 있다. 그것은 힘을 공유하는 것처럼 보임으로써 질투를 감소시킨다. 왜냐하면 어떤 사람이 자기와 의견이 다른 사람들을 비난하기 위하여 이런 방법을 쓸 때, 그 상식은 **"내가 이렇게 원하니 이렇게 명령한다"**가 아니라 **"너희가**

원하는 대로 명령하라"이기 때문이다.

3. 또 어떤 사람이 나와서, 도덕감각에 대해 자신이 과연 그런 것을 갖고 있는지 알 수 없다고 말한다. 그러나 도덕감각만큼의 역할을 하는 **오성**(understanding)을 가지고 있다고 말한다. 그는 이 오성이 옳고 그름의 기준이라고 말한다. 오성이 이렇게 저렇게 하라고 일러 준다는 것이다. 모든 선하고 지혜로운 사람들은 자신과 같은 오성을 지니고 있다. 만일 다른 사람들의 오성이 자신의 오성과 어떤 점에서라도 다르다면, 그들의 오성은 그만큼 나쁜 것이고, 이는 그들의 오성이 결함이 있거나 타락했다는 확실한 표시이다.

4. 또 어떤 사람은 영원불변의 옳음의 규칙(Rule of Right)이 있으며, 이 규칙이 이렇게 저렇게 하라고 명한다고 말한다. 그러고는 어떤 최상의 것에 관한 자신의 감정을 늘어놓기 시작한다. (당신도 옳다고 받아들여야 할) 이 감정들은 영원한 옳음의 규칙에서 나온 수많은 가지들이다.

5. 또 어떤 사람은, 혹은 (상관없는 일이지만) 아마 이 사

람이, 사물의 합목적성(the Fitness of Things)에 어떤 관행들은 일치하고 다른 관행들은 일치하지 않는다고 말한다. 그러고는 마치 그가 어떤 관행을 우연히 좋아하거나 싫어하게 된 듯이, 일치하는 관행과 일치하지 않는 관행들을 자기가 틈이 날 때 들려준다.

6. 아주 많은 사람들이 자연법에 관해 계속해서 말한다. 그러고는 계속해서 무엇이 옳고 무엇이 그른 것인지에 관해 자신의 감정을 늘어놓는다. 그런데 당신은 이 감정들이 자연법의 수많은 장과 절이라는 사실을 알게 될 것이다.

7. 자연법이라는 표현 대신에 때로는 이성의 법(Law of Reason), 올바른 이성(Right Reason), 자연적 정의(Natural Justice), 자연적 형평성(Natural Equity), 선한 질서(Good Order)라는 문구가 사용되기도 한다. 이 중 어느 것도 같은 역할을 수행한다. '선한 질서'라는 맨 마지막 문구는 정치학에서 가장 많이 사용된다. 마지막 세 문구가 다른 문구들보다 훨씬 더 그런대로 쓸 만한데, 이것들은 단순한 문구 이상의 것을 아주 명시적으로 주장하지는 않기

때문이다. 이것들은 그 자체를 적극적 기준으로 보아 달라고 그저 약하게 주장할 뿐이며, 문제의 당면 사안이 경우에 따라 무엇이 되었든 간에 적절한 기준에 일치한다는 것을 표현하는 문구로 간주되는 것에 만족하는 것처럼 보이기 때문이다. 그러나 대부분의 경우 그 기준은 **공리성**이라고 말하는 것이 더 나을 것이다. 고통과 쾌락을 분명하게 언급할 때에는 **공리성**이 더 분명한 기준이다.

8. 거짓말하는 것 말고는 이 세상 어느 것도 해롭지 않다고 말하는 어떤 철학자가 있다. 예컨대 당신이 아버지를 살해하려 한다면, 이는 단지 특별한 방식으로 그가 당신의 아버지가 아니라고 말하는 것일 뿐이다. 물론 이 철학자는 무엇이든 자신이 좋아하지 않는 것을 보면, 그것이 거짓말을 하는 특별한 방식이라고 말한다. 이것은 **사실은** 그 행위를 해서는 안 되는 경우에 그것을 해야 한다거나 할 수도 있다고 말하는 셈이다.

9. 위의 모든 사람들 가운데 가장 온당하고 솔직한 사람은 '나는 선민들 중의 한 사람'이라고 터놓고 말하는 부류의 사람이다. 이렇게 되면 신이 직접 나서서 무엇이

옳은 것인지를 선민들에게 일러 준다. 그것도 아주 효과적으로 알려 주고 아주 열심히 노력하도록 만들기 때문에 선민들은 무엇이 옳은지 알 뿐만 아니라 그것을 실천하지 않을 수 없다. 따라서 만일 어떤 사람이 무엇이 옳고 무엇이 그른지 알고자 한다면, '나'에게 오기만 하면 된다.

이것이 위와 같이 아주 우스꽝스럽게 비난을 받는 다양한 문구를 사용하는 사람들에 대한 적대감을 완벽히 공정하게 표현하는 것이라고 주장할 사람은 거의 없을 것이다. 오히려 이 문구들이 타당성을 증명하기 위해 제시하고 있는 바로 그 느낌에 기초한 것을 제외하고는 이 문구들에 아무 주장이 담겨 있지 않다는 것이, 벤담이 탁월한 장점을 가지고 무엇보다 우선 가리켜 보여 주고 있는 진실이다.

철학에서의 벤담의 독창성을 만들어 내고, 그를 철학의 도덕적이고 정치적인 분야의 위대한 개혁자로 만들어 주는 것은 인간 행위의 철학에 이러한 세부 분석의 방법, 즉 부분으로 분해하고 나서 전체를 추론하고 실제 사실들로 해석하고 나서 추상적인 것으로 추론하는 이러한 방법을 도입하는 것이다. 그가 '철저한 분류의 방법'이라 일컫는 것은 더욱 일반적인 이 방법의 한 부분일 뿐인데, 우리가 인용한 체계적이고 정교한 그의 작업에 독창적인 모든 것이 바로 그 철저한 분류의 방법 덕분이라고 벤담 스스로 말한다. 그의 철학 자체의 대부분은 새로운 것이 없거나 거의 없다. 즉 무엇이든 일반적 공리성이 도덕성의 토대라는 원리에 속한다고 생각하는 것은 철학의 역사, 일반적 문학, 그리고 벤담이 쓴 글들에 대한 엄청난 무지를 드러내는 것이다. 그스스로 말하듯이 그는 공리성 개념을 엘베시우스[4]에게 빌려 왔다. 또한 그것은 레이드(Reid)[5]와 비티(Beattie)[6]보다 앞선 그 시대 종교철학자들의 원리이기도 했다. 우리는 새프츠베리[7]의 논파가 담긴 책, 그리고 지금은 거의 읽히지 않는 존 브라운[8]의 『새프츠베리 백작의 특성 소론(Essays on the Characteristics)』에서보다 공리성의 원리를 더 잘 변호한 경

---

4 엘베시우스(Claude Adrien Helvétius, 1715-1771): 프랑스 계몽주의 시대의 유물론 철학자. -역주

5 레이드(Thomas Reid, 1710-1796): 스코틀랜드의 철학자. -역주

6 비티(James Beattie, 1735-1803): 스코틀랜드의 시인·철학자. -역주

7 새프츠베리(Shaftesbury, 3rd Earl of, 1671-1713): 새프츠베리, 3대 백작. 영국의 철학자·사상가. -역주

8 처음 출간되었을 때에는 아무런 감흥을 불러일으키지 못한 또 다른 책 『시대의 풍속 개관(An Estimate of the Manners of the Times)』의 저자.

우를 본 적이 없다. 또한 소엄 제닝스(Soame Jenyns)[9]에 관한 존슨의 유명한 평론에서도 공리성의 원리가 이 두 저자와 평론가 모두의 원리로 제시되고 있다. 철학이 있었던 모든 시대에, 즉 에피쿠로스의 시대뿐만 아니라 그 이전 시대에도 여러 학파 중 하나는 공리주의 학파였다. 이 견해가 벤담의 독특한 방법으로 그와 연결된 것은 우연일 뿐이었다. 그에 앞선 공리주의 철학자들이 벤담의 방법을 주장하지 않은 것은 그들의 적대자들이 그것을 주장하지 않은 것과 마찬가지다. 예컨대 에피쿠로스 철학을 가장 완전하게 살펴보기로 한다면 고대 로마의 가장 뛰어난 학자인 키케로를 통해 그 철학의 도덕적인 면을 보면 된다. 예컨대 그의 철학 저작인 『최선과 최악에 관하여(De Finibus Bonorum et Malorum)』를 읽은 사람이라면 누구에게나, 에피쿠로스학파 사람들의 주장이 스토아학파나 플라톤주의자들의 주장처럼 그렇게 단지 말의 차원에서 통념에, 증명(τεκμηρία) 대신에 가능성(εἰκότα)과 일반성(σημεία)에, 말하자면 우연히 채택된 개념에 호소하는 내용으로 이루어져 있는지 그렇지 않은지, 또한 조금이라도 진리인 경우가 있다면, 아무리 면밀히 살펴볼지

---

9 소엄 제닝스(Soame Jenyns, 1704-1787): 영국의 저술가. -역주

라도 어떤 의미로 어떤 한계 하에서 그 주장이 진리인지 물어볼 수 있다. 실제 귀납 철학을 윤리 문제에 적용하는 방법은 다른 어떤 학파와 마찬가지로 에피쿠로스학파의 도덕철학자들도 알지 못했다. 그들은 한 가지 문제를 여러 조각으로 나누지 않았고, 한 가지 분명한 논점을 가지고 논쟁을 벌였다. 분명히 벤담은 분류와 분석의 방법을 그들에게 배우지 않았다.

이 방법을 벤담이 마침내 철학에 정착시켰고, 그 이후로 이 방법을 모든 학파의 철학자들에게 필수적인 것으로 만들었다. 그럼으로써 그의 독특한 견해 중 많은 것을 받아들이지 않거나 배척한 여러 사상가들을 아우르는 지성인 집단을 만들어 냈다. 그는 이 방법을 자신을 가장 적대하는 학파 사람들에게 가르쳤고, 만일 그들이 이 세부 분석의 방법으로 자신들의 원리를 검토하지 않는다면 그들의 상대방이 그 검토를 할 것임을 깨닫게 해 주었다. 그가 이렇게 해서 도덕철학과 정치철학에 사고의 정밀성을 최초로 도입했다는 것은 두말할 필요도 없다. 철학자들은 직관에 의해, 또는 개괄적 관점에만 기초했고 너무나 애매한 언어로 쓰여 있어서 참인지 거짓인지 정확히 말할 수 없는 전제로부터 추론한 것에 의해 자신의 견해를 주장하는 것이 아니라,

이제는 서로를 이해하고 자신의 명제의 일반성을 해체해서 모든 논쟁에서 정밀한 쟁점에 동참하지 않으면 안 되게 되었다. 이것이야말로 철학의 혁명이다. 그 효과가 다양한 견해를 지닌 모든 영국 사상가들의 글에서 점차 분명하게 나타나고 있고, 벤담의 글이 더욱 더 널리 읽혀서 더욱더 많은 지성인 형성에 기여함에 따라 그 효과는 더욱더 많이 체감될 것이다.

이 위대한 철학적 진보의 결실 중 적어도 일부를 그 입안자가 거두어들였을 것이라는 사실을 당연히 추측할 수 있다. 그렇게 강력한 수단으로 무장한 채, 그 수단을 그렇게 단일한 목적을 위해 행사하면서, 그 자체로 정당하고 그의 선배들이 사용한 바 없는 방법을 그처럼 지칠 줄 모르게, 그리고 그처럼 일관되게 사용하여 실천철학의 분야를 개척한 벤담이, 그 특유의 탐구를 통해 무언가 주목할 만한 것을 이루어 내지 않았을 리가 없다. 그렇기 때문에, 그가 하지 않은 것과 비교될 만한 것은 거의 없고, 그의 다혈질적이고 거의 어린아이 같은 공상 때문에 그가 스스로 이루어 냈다고 떠벌린 것에는 한참 못 미치지만, 그가 주목할 만할 뿐만 아니라 비범하기도 한 무언가를 이루어 냈음을 알게 될 것이다. 사고가 명료한 사상가들, 그리고 자신의 자료가 미치는 데까지는 확신을 갖는 사상가들을 만들기 위해 경탄할 만큼 적합하게 계획된 그의 독특한 방법은, 그 자료들을 완벽하게 만드는 데에는 그만큼의 효능을 지니고 있지 않다. 그의 방법은 정확성을 보증하기는 하지만 포괄성은 보증하지 못한다. 아니 좀 더 정확히 말하자면, 그의 방법은 한 가지 종류의 포괄성은 보증하지만 또 다른 종류의 포괄성은 보증하지 못한다.

벤담이 자신의 논제를 제시하는 방법은 일종의 편협하고 편파적인 관점에 대한 예방법으로서 경탄할 만하다. 특정한 질문이 속해 있는 탐구 분야 전체를 자기 앞에 놓는 것으로 시작해서, 자신이 찾고 있는 것에 도달할 때까지 그것을 분해하고는, 자신이 찾고 있는 바로 그것이 아닌 모든 것을 잇닿아 제쳐 놓음으로써, 그는 자신이 찾고 있는 것의 정의를 점차 만들어 낸다. 그가 철저한 방법이라고 부르는 이 방법은 철학 자체만큼이나 오래된 것이다. 플라톤이 이 방법 덕분에 자신의 모든 작업을 할 수 있었는데, 베이컨은 자신의 저작을 통틀어 그득히 흩뿌려져 있으나 자신의 추종자인 체하는 자들 대부분이 아주 많은 부분을 도외시하는 논리적 암시 가운데 하나에서, 그 위대한 인물이 『대화편』에서 이 방법을 사용한 것이 고대 철학에서 볼 수 있는 진정한 귀

납 방법에 가장 근접한 것이라고 선언했다. 벤담은 자신이
이룬 모든 것의 원천이 되어 주었다고 그 역시 선언한 바로
그 작업 방법의 선배가 플라톤이었다는 것을 아마도 알아
채지 못했을 것이다. 이 방법을 실행함으로써 그의 추론은
탁월하게 체계화되고 일관성 있게 된다. 어떤 의문도 그에게
는 고립된 것이 되는 법이 없다. 그는 모든 주제를 그가 보
기에 서로 관계되어 있고 서로 구별될 필요가 있는 다른 모
든 주제와의 연관성 속에서 본다. 또한 조금이라도 그 주제
와 연관되어 있는, 그가 아는 모든 것을 질서정연하게 자기
앞에 정돈해 놓는 것과 마찬가지로, 그는 보다 느슨한 방법
을 사용하는 사람들처럼 어떤 것을 어느 경우에는 기억하다
가도 다른 경우에는 잊어버리거나 무시하기도 한다. 이렇기
때문에 그처럼 아주 폭넓은 영역을 다루면서도 비일관성은
아주 적은 철학자는 아마 없을 것이다. 만일 어떤 진실이건
그가 보지 못한 것이 그에게 보이게 되었다면, 그는 언제 어
디서나 그것을 기억하고 그것을 자신의 체계 전체와 조화시
켰을 것이다. 그런데 이런 면은 그가 자신에게 사고 습관을
훈련 받은 최상의 지성인들에게 영향을 끼친 또 하나의 경
탄할 만한 자질이다. 그 지성인들이 새로운 진실을 기꺼이
받아들일 자세를 갖게 되자, 그들은 새로운 진실을 받아들

이자마자 그것을 자기 것으로 소화했다.

그러나 사상가의 마음속에 그가 아는 모든 것을 보존해 주는 능력이 탁월한 이 체계가 그에게 충분히 많은 것을 알게 해 주지는 않는다. 이 체계는 어떤 사물의 속성에 관한 일부 지식을 그 전체에 충분한 것으로 만들어 주지도 않고, 어떤 복잡한 대상의 여러 면 가운데 한 면만을 통해 (아무리 주의 깊게 한다 할지라도) 조사하는 뿌리 깊은 습관을 그 대상 전체에 관해 깊이 생각하는 능력에 맞먹는 것으로 만들어 주지도 않는다. 이 후자의 능력을 얻기 위해서는 다른 자질들이 필요하다. 벤담이 그 다른 자질들을 지니고 있었는지 우리가 지금 살펴보아야 한다.

앞에서 말했듯이 벤담의 사고방식은 탁월하게 종합적이었다. 그는 해당 주제에 관해 알려진 것이 전혀 없다고 가정하면서 자신의 모든 탐구를 시작해서 자기 선배들의 견해를 참조하지 않은 채 모든 철학을 **처음부터**(ab initio) 재구성한다. 그러나 어떤 철학이나 그 밖의 다른 것을 만들어 내는 데에는 재료가 있어야 한다. 물질철학을 위한 재료는 물질의 속성이고, 도덕철학과 정치철학을 위한 재료는 인간의 속성과 세계 안에서의 인간의 위치다. 이 속성에 관해 탐구자가 가지고 있는 지식이, 그가 지닌 사고방식의 힘이 얼마나 되든지 간에, 도덕철학자 또는 정치철학자로서 그가 넘어설 수 없는 한계를 이룬다. 어떤 사람의 종합도 그의 분석보다 완벽할 수는 없다. 만일 어떤 사람이 인간 본성과 생명을 탐구할 때 무슨 요소건 빠뜨린다면, 그 요소가 무슨 영향을 어디에서 끼치든 간에, 그의 결론은 거의 적용되지 못하게 된다. 만일 그가 여러 요소를 빠뜨리고 그 요소들이 아주 중요한 것인데 그의 작업이 높이 평가받는다면, 그는 그 불공평한 진실을 만들어 내는 데 크게 기여한 셈이 되고, 다른 사람이 그것을 바로잡고 완성해야 현실에서 쓰임새 있는 진실이 될 것이다. 그러나 그의 체계를 적절한 형태로 현실에 적용하는 것은 극히 제한된 범위 안에서만 이루어질 것이다.

인간 본성과 인간 생명은 광범위한 주제들이어서, 이 주제들에 관해 철저한 지식을 요구하는 작업에 착수하려고 하는 사람은 누구나, 자기 자신의 풍부한 이야기의 저장고를 지니고 있어야 할 뿐만 아니라 다른 사람들에게 들은 온갖 이야기의 저장고에서도 도움을 받고 그것을 활용해야 한다. 그 사람이 이 작업에 성공할 자격이 있는지 여부는 다음 두 가지, 즉 그의 본성과 환경이 그에게 인간 본성과 환경에 관한 정확하고도 완전한 모습을 보여 주는 정도, 그리고 다른 지성인들로부터 식견(light)을 얻어 내는 능력에 비례하여 결정된다.

벤담은 다른 지성인들에게서 식견을 얻어 내지 못했다. 그의 글에는 그의 사상 이외에 다른 어떤 사상 학파에 관한 정확한 지식의 자취는 거의 없으나, 그가 다른 학파들이 자신에게 알 만한 가치가 있는 것을 가르칠 수는 없다고 철저히 확신한 증거는 많다. 가장 저명한 이전 사상가들 중 몇몇 사람에게 그가 퍼부은 경멸은 헤아릴 수 없을 정도였다. 그 문체를 통해, 그리고 이전에 인쇄되어 발표되었던 것을 통해 벤담의 것임을 알 수 있는 '의무론'에 관한 거의 유일한 문구에서 소크라테스와 플라톤은 벤담의 가장 위대한 숭배자들마저 고통스럽게 만드는 표현으로 언급되고 있다. 또한 이런 인물들을 제대로 평가하지 못하는 면은 벤담 사고방식의 습관 전반과 완벽히 일치되는 사실이다. 그에게는 자신의 방법이 적용되지 않았거나 (동시에 그가 생각하기에) 도덕 기준으로서 공리성 인식의 기초 위에 서 있지 않은 모든 도덕적 추론을 다루는 관점을 표현하는 문구가 있었다. 이 문구가 바로 '애매한 일반론'이었다. 무엇이든 그런 형태로 제시되면 그는 그것을 주목할 가치가 없는 것으로 일축하거나 터무니없는 것이라고 거듭해서 공공연히 비난할 따름이었다. 그는,

정확히 말하자면 그의 사고방식의 특성이 그에게 아예 그런 생각이 떠오르지 못하게 했는지도 모르는데, 이 일반론에 인간의 분석되지 못한 경험 전체가 담겨 있다는 사실에 주의하지 않았다.

이렇게 되면, 어떤 것이든 논리학자가 인간에게 가르쳐 주기 전에는, 그리고 어떤 것에든 형이상학적으로 정확한 표현을 부여하여 도덕적 진실을 완성하기 전에 인간이 아무것도 알 수 없었다고 주장할 수 없는 한, 평범한 필요와 평범한 경험에 자극된 평범한 지성에 의해 대충 다듬어진 이전의 추론은 모두 허사가 되고 만다. 스스로 생각할 줄 아는 독창성과 두려움을 모르는 용기조차도, 이전 사상가들에 대한, 그리고 인류의 집단 지성에 대한 사려 깊은 관심 이상으로 철학자의 기질에 필수 부분은 아니다. 전체 인간의 견해는 곧 모든 기질과 성향, 모든 편파성과 선입견, 지위와 교육, 그리고 관찰과 탐구의 기회 면에서 다양성을 지닌 모든 개인들의 견해였다. 어떤 한 탐구자가 이 모든 사람이 될 수는 없다. 모든 탐구자는 젊은이일 수도 노인일 수도, 부자일 수도 가난한 자일 수도, 병든 자일 수도 건강한 자일 수도, 기혼일 수도 미혼일 수도, 관조형일 수도 활동가형일 수도, 시인일 수도 논리학자일 수도, 고풍일 수도 현대풍일 수도, 남자일 수도 여자일 수도 있다. 그런데 만일 사상가라면 개인 특유의 부수적 사고방식의 특질을 지닌다. 어떤 인간의 삶에 특징을 부여한 모든 상황은 그 나름의 독특한 편향성, 어떤 것은 인식하고 다른 것들은 놓치거나 잊어버리는 독특한 기능을 지닌다. 그러나 그의 관점과 다른 관점에서 보자면 다른 것들을 인식할 수 있다. 또한 그가 보는 것을 보지 않는 사람들 이상으로 그가 보지 않는 것을 본 사람일 가능성이 큰 사람들은 없다. 인간 일반의 견해는, 모든 지성인들이 스스로 가장 가려 뽑았으되 가장 이해되지 못하는 생각은 빼앗겼지만 자신들의 왜곡과 편파성에서는 벗어난 채로 도달한 결론의 평균값, 즉 누구의 관점도 우세하지 않은 채 모든 사람의 특정 관점이 대변되는 최종 결론에 해당한다. 집단지성은 표면 아래로 뚫고 들어가지는 않지만 표면 전체를 본다. 심오한 사상가들은 그들의 심오함 때문에라도 이렇게 하지 못하는 경우가 많다. 어떤 것을 그 여러 면 중 일부 면만 집중해서 보기 때문에 다른 면들에는 주의하지 않게 되기 때문이다.

그러므로 개인이 판단할 자유를 가장 확고하게 주장하는 사람, 앞선 이들이 범한 실수와 오늘날 사고방식의 부정확성을 가장 날카롭게 찾아내는 사람이 바로 모든 시대와 나라에 살았던 사람들의 견해, 그리고 자기 자신과 가장 반대되는 사고방식을 지닌 철학자들의 추론을 공부해서 자기 지성의 약한 면을 강화할 필요가 가장 많은 사람이다. 바로 거기서 그는 자신에게 허락되지 않았던 경험, 즉 그가 반밖에 보지 못하는 진실의 나머지 부분, 그리고 그가 찾아낸 실수가 대개는 과장된 것일 뿐인 진실의 경험을 하게 될 것이다. 만일 벤담처럼 그가 더 나은 조사 수단을 가지고 있다면, 그 수단을 그저 기다리고 있었던 풍부한 원석을 발견할 준비가 이미 되어 있는 셈이다. 만일 명료한 개념을 지니고 있는 어떤 사람이 무엇이든 혼란스럽게 보이는 것은 존재하지 않는 것이라고 상상한다면 그는 심각한 오류를 범하는 것이다. 그러한 것을 맞닥뜨릴 때 그 안개를 걷어 내고 그것을 통해 흐릿하게 보이는 어렴풋한 형태의 윤곽을 뚜렷이 그려 내는 것이 그가 해야 할 몫이다.

그러니 벤담이 다른 모든 사상가 학파를 경멸하고 자기만의 사고방식과 자신과 비슷한 지성인들이 공급하는 자료들에 전적으로 의존하는 철학을 창조하겠다고 결심한 것은 철학자로서 그의 첫째 결격 요소였다. 그의 둘째 결격 요소는, 그의 사고방식이 인간 본성을 두루 대변하는 것으로서 불완전하다는 점이었다. 그는 인간 본성 가운데 가장 자연스럽고 가장 강력한 여러 느낌을 공감하지 못했다. 그는 인간 본성에 관한 여러 가지 깊은 경험을 할 기회를 전혀 갖지 못했다. 또한 한 사람이 자신과 구별되는 다른 사람을 이해하고 스스로를 그 다른 사람의 느낌 속으로 던져 넣는 능력은 상상력(Imagination) 결핍으로 인해 그에게 주어지지 않았다.

통속적 의미의 상상력, 심상과 비유적 표현의 구사 능력은 벤담도 어느 정도 지니고 있었다. 사실은 시적 교양이 부족했기 때문에, 그의 공상(fancy)이 그에게 준 심상은 아름답지 못했지만 기묘하면서도 익살스럽거나 과감하고 강력하며 강렬했다. 그가 쓴 글에서 유쾌한 반어법과 웅변조 수사법 두 가지가 모두 있는 구절들을 인용할 수 있는데, 철학자들의 글에서 이 구절들을 능가할 만한 것을 거의 찾아볼 수 없다. 그가 지니지 못한 상상력(Imagination)은 오늘날 가장 뛰어난 대부분 작가들이 이름 붙이는 바로 그 상상력이자, 존재하지 않는 것을 마치 존재하는 것처럼, 상상하는 것을 마치 실재하는 것처럼 우리 스스로 노력해서 생각할 수 있게 해 주고, 만일 그것이 실재하는 것이라면 그것에 느낌의 옷을 입혀 주는 바로 그 상상력이다. 이것은 한 사람이 다른 사람의 마음과 상황 속으로 들어갈 수 있게 해 주는 힘이다. 시인이 그저 자기 자신의 실제 느낌을 아름다운 곡조에 실어 말하는 것이 아닌 한에는, 이 힘이 시인의 본질을 구성한다. 이 힘이 극작가의 모든 것을 이룬다. 이 힘은 역사가의 본질 중 한 가지이고, 이 힘으로 우리는 다른 시대를 이해한다. 이 힘으로 기조[10]가 우리에게 중세 시대를 설명하고, 니자르[11]가 후기 라틴어 시대[12] 시인들에 관한 아름다운 연구에서 우리를 황제 시대 로마로 인도하며, 미슐레[13]는 인간의 서로 다른 종족과 세대가 지닌 역사 사실에서 서로 구별되는 성격들을 분리해 낸다. 이 힘 없이는, 상황이 실제로 자기 자신의 본성을 시험하고 그것에 요구한 것 이상으로는 아무도 자기 자신의 본성을 알 수 없고, 겉으로 보이는 타인들의 행위를 관찰해서 얻어 낼 수 있었던 일반화 이상으로는 타인들의 본성을 알 수 없다.

그래서 인간 본성에 관한 벤담의 지식은 이 한계에 갇혀 있다. 그것은 완전히 경험적인 것인데, 그 경험주의는 경험이

---

10 기조(François Pierre Guillaume Guizot, 1787-1874): 프랑스의 역사가·정치가. -역주

11 니자르(Désiré Nisard, 1806-1888): 프랑스의 비평가·저널리스트. -역주

12 후기 라틴어 시대: 대략 서기 175-600년의 시대. -역주

13 미슐레(Jules Michelet, 1798-1874): 프랑스의 사학가. -역주

거의 없는 사람의 경험주의다. 그에게는 내면의 경험도 외적 경험도 없다. 삶의 과정도 평온하고 사고방식도 건전했기에 그는 두 가지 경험 모두 할 수 없었다. 풍요로움과 역경, 열정과 싫증을 몰랐다. 그는 병약함이 주는 경험조차 없었다. 그는 유년 시절부터 85세까지 소년의 건강을 지니고 살았다. 그는 낙담도 마음의 무거움도 몰랐다. 그는 삶을 괴롭고 고단한 짐으로 느껴 보지 못했다. 그는 죽을 때까지 소년이었다. 워즈워스에서 바이런까지, 괴테에서 샤토브리앙[14]까지, 우리 시대 천재 인간들의 다이몬[15]이자 이 시대의 즐겁고 슬픈 지혜 두 가지 모두가 아주 많은 부분을 빚지고 있는 자의식이 그의 내면에서는 일깨워지지 못했다. 자신의 내면에 얼마나 많은 인간 본성이 잠자고 있는지 그는 몰랐고 우리도 알 수 없다. 그는 자기 자신에게 작용하고 있었던, 눈에 보이지 않는 영향을 볼 수 있을 만큼 깨어 있지 못했고, 그래서 타인들에게 미치는 영향도 마찬가지로 볼 수 없었다. 그에게 다른 시대와 다른 나라들은 설명 항목에서 빠져 있

---

14 샤토브리앙(Vicomte de Chateaubriand, 1768-1848): 프랑스의 소설가·정치가·낭만주의 운동의 선구자. -역주

15 다이몬(daemon): demon. daimon. 신과 인간 사이에 자리하는 초자연적 존재. -역주

었다. 그는 다른 시대와 다른 나라들을 한 가지 기준, 즉 사실에 관한 그들의 지식, 그리고 공리성을 정확하게 보고 공리성 안에서 다른 모든 주제들을 합쳐 버리는 그들의 능력으로 평가했다. 그의 운명은 영국이 당시까지 낳은 가장 빈약하고 볼품없는 사람들의 세대 속으로 내던져졌고, 금세기에 더 나은 세대가 나타났을 때 그는 노인이었다. 따라서 그는 가장 저속한 눈이 볼 수 있는 것 말고는 인간에게서 보는 것이 거의 없었고, 달리면서도 읽을 수 있을[16] 정도의 명백한 것 이외에는 다양한 인간 성격을 인식하지 못했다. 인간의 감정에 관해 아는 것이 아주 적었기 때문에, 그는 인간의 감정 형성에 영향을 미치는 것에 관해서는 아는 것이 훨씬 더 적었다. 서로 다른 사고방식 사이의 영향이건, 외부 사물이 사고방식에 끼치는 영향이건, 더욱더 섬세한 작업은 그의 주의를 끌지 못했다. 그리고 높은 교육이 이루어지는 시대에 모든 인간 행위에 어떤 규칙을 부여하고자 한 사람이라면 아마 아무도 인간 행위가 영향을 받고 있는 원동력에 관해서건, 인간 행위가 영향을 **받아야 하는** 원동력에 관해

---

16 달리면서도 읽을 수 있다: he who runs may read. '누구에게나 명백한 것'이라는 뜻의 영어 관용구. -역주

서건 보다 제한된 개념을 가지고 작업에 착수하지는 않았을 것이다.

따라서 이것이 바로 벤담에 관한 우리의 생각이다. 그는 철학을 하기 위한 뛰어난 재능과 철학을 하는 데 두드러진 결점을 모두 지닌 사람이었다. 거의 어느 누구보다도, 정확할 뿐 아니라 충분할 정도로 실제의 특정 상황에 꼭 들어맞는 결론을 전제로부터 끌어내는 데 적임자였다. 그러나 인간 본성과 삶에 관한 그의 일반 개념은 그에게 몹시도 빈약한 전제를 줄 수 있을 뿐이었다. 이런 사람이 성취할 만한 것이 어떤 것인지, 이런 재능과 이런 결함을 지닌 사상가가 철학에서 무엇을 할 수 있을지는 명백하다. 그는 철저하고도 정확한 논리에다 거대한 규모와 전례 없는 정밀함 두 가지 모두를 바탕으로, 결과와 실제 적용 방법마저 포함하는 절반의 진실들을 찾아냈다. 또한 이것은 후대인들이 벤담 특유의 것이라고 생각하게 될 그의 성격이었다.

벤담 철학에서 진실이 아닌 것 가운데 그가 적극적으로 제시하는 것은 없다는 것, 즉 우리가 보기에 그런 일이 자주 있듯이 그의 실제 결론이 오류일 경우, 그것은 그가 강조하는 고려 사항이 본래 합리적이고 타당하지 않아서가 아니라, 그가 인식하지 못한 무언가 더 중요한 원칙이 그 고려 사항을 대체해서 국면을 변화시키기 때문이라고 말하는 편이 우리의 진심과 사려 깊은 소신을 표현하는 것이 될 터이다. 그의 글에서 나쁜 면은 자신이 보지 못하는 모든 것, 자신이 인식하는 것 이외의 모든 진실을 단호하게 부정한다는 점이다. 그는 그 점만으로는 당대에 어떤 나쁜 영향도 끼치지 않았다. 그는 그 점에 의해 부정론자들의 학파를 만들어 내지는 않았는데, 왜냐하면 이 점은 무지가 낳은 편견이지만 그것이 그 자체에 철학의 제재를 가하는 위대한 인물을 언제나 찾아내지는 못할지라도, 언제나 존재하는 학파의 우두머리 자리에 벤담 자신을 놓아두기 때문이다. 그 학파에서는 사람들이 본래 의식하지 못하는 모든 느낌과 상태를 부정하거나 폄하하기 위해 모든 시대의 사람들에게 존재한 자연스러운 경향을 지성이라는 망토로 덮어 버렸다.

벤담 철학이 고려하지 않는, 벤담의 것이 아닌 진실은 여러 가지가 있고 중요하기도 하다. 그가 그것을 인식하지 못한다고 해서 그것이 존재하지 않는 것은 아니다. 그것은 여전히 우리 곁에 있고, 그것과 벤담의 진실을 조화시키는 것은 우리에게 남겨진 비교적 쉬운 과제다. 그가 나머지 절반의 진실을 간과했다고 해서 그의 절반의 진실을 거부하는 것은 그의 변명도 듣지 않은 채 그와 마찬가지 오류에 빠지는 셈이 된다. 우리 쪽에서 보자면, 만일 한쪽 눈만 있는 사람들의 그 한쪽 눈이 통찰력 있는 눈이라면 그들을 넓은 아량으로 받아들일 수 있다. 만일 그들이 더 많은 것을 본다면, 그들은 그렇게 날카롭게 보지도 못하고, 한 가지 탐구 과정을 그렇게 열심히 계속해 나가지도 못할 것이기 때문이다. 체계적 사고를 하는 '반쪽 사상가들'에게는 독창적이고 빼어난 추론을 할 수 있는 대부분의 풍부한 추론의 광맥이 열려 있다. 이 새로운 추론이 다른 이들로 하여금 그 추론만큼 훌륭한 추론을 하게 하거나 그 추론이 타인들에게 마음 편히 받아들여질지 여부는 이 반쪽 사상가들이 온전한 추론을 하는 사상가들의 행로를 따르는지 여부에 달려 있다 할지라도 말이다. 인간의 본성과 삶이라는 영역은 아무리 많이, 또는 아무리 여러 방향으로 연구해도 다하지 않는 영역이다. 모든 하찮은 것이 규명될 때까지 이 작업은 끝나지 않는다. 모든 단편적 진실에 관한 관점들을 결합하는 방법 말고는 전체 진실을 알 수 있는 도리가 없고, 따라서 각각의 단편적 진실이 홀로 해낼 수 있는 것을 완전하게 알 때까지는 전체 진실을 알 수 있는 도리가 없다.

벤담의 단편적 진실들이 할 수 있었던 것을 그의 철학을 검토하는 것만큼 잘 보여 줄 수 있는 방법은 없다. 그러한 검토는 비록 불가피하게 아주 간략히 개괄하는 정도가 될지라도 지금 시도해 볼 필요가 있다.

어느 누구든 추론하는 사람에 관한 첫째 의문은 인간 삶에 관한 그의 이론이 어떤 것인가이다. 많은 철학자들의 생각 속에는 어떤 것이 됐든 이런 종류의 이론이 숨어 있기 때문에, 자신의 글에서 다른 사람들이 볼 수 있게 그것을 언급해서 무의식적으로 모든 것을 그 이론에 꼭 들어맞게 만들게 되면 스스로 뜻밖에 놀라게 된다. 그러나 벤담은 자신의 전제를 늘 알고 있었고 독자가 그것을 알게 만들었다. 그는 자신의 실제 결론의 이론적 토대를 독자가 추측하게 내버려 두는 법이 없었다. 인간과 인간 삶에 관한 정확한 개념을 그처럼 높은 확신으로 배치할 만한 방법을 가진 위대한 사상가는 별로 없었다.

벤담에게 인간은 쾌락과 고통을 느낄 수밖에 없고, 모든 행위가 여러 가지 변화하는 사욕과 흔히 이기적인 것으로 분류되는 열정에 일부 지배당하고, 타인에 대한 동정 또는 때로는 반감에 일부가 지배당하는 존재라고 생각된다. 그런데 여기서 인간 본성에 관한 벤담의 개념은 멈춘다. 그는 종교를 배제하지 않는다. 그는 신의 보상과 처벌에 대한 예상을 '자기 관계적 관심'이라는 표제 아래에, 그리고 경건한 느낌을 신과의 공감이라는 표제 아래에 넣어 둔다. 그러나 이 세상의 것이든 또 다른 세상의 것이든 그가 인정하는바 강제하거나 억제하는 모든 원칙은, 자기애이거나 다른 지각 있는 존재를 향한 사랑이나 증오다. 그가 이 주제에 관해 생각한 것에 관해서는 의심할 여지가 없다. 그는 우리를 자기 글에 있는 일반적 증거에 내맡겨 두는 것이 아니라 '행위 동기 일람표(Table of the Springs of Action)', 즉 인간 행위의 동기를 분명하게 열거하고 분류하면서 그것을 칭찬하거나 심하게 나무라는 이름 또는 두 가지의 중간 성격의 이름을 부여한다. 그래서 그의 전집 1부에 있는 이 일람표를 그의 철학을 이해하고자 하는 사람들에게 연구 자료로 권한다.

그에게 인간은 정신의 완성을 목표로서 추구하고, 자기 자신의 내면 의식 이외의 다른 원천의 힘으로 선을 희망하거나 악을 두려워하지 않고, 자기 자신의 성격을 자신이 생각하는 탁월함의 기준에 도달하도록 하는 것 자체를 욕망할 수 있는 존재로 인정되는 법이 없다. 양심(Conscience)이라는 더욱 제한된 형태로 인간 본성에 담긴 이 거대한 사실조차 그는 주목하지 않는다. 박애주의, 신이나 인간에 대한 애정, 그리고 현생이나 내생에서의 사욕과 구별되는 것으로서 양심의 존재가 그의 글 어디에서도 인정되지 않는 것보다 더 진기한 것은 없다. 타인들의 입에서 그러한 사실을 인정하는 말을 빌려오는 어떤 구절도 쓰기를 삼가는 학습된 태도가 보인다.[17] 만일 우리가 그의 '행위 동기 일람표'에서 '양심(Conscience)', '원칙(Principle)', '도덕적 올바름(Moral Rectitude)', '도덕적 의무(Moral Duty)' 등의 말을 발견한다면, 그 말은 '평판에 대한 사랑'의 동의어에 포함되어 있을 것이고, 이때 앞의 두 말이 때로는 종교적 동기 또는 공감의 동기와 동의어이기도 하다는 암시가 함께 제시되어 있을 것이다. 그는 우리 자신이나 타인들에 대한 진정한 의미의 도덕적 찬성 또는 반대라는 감정의 존재를 알지 못하는 듯하다. 또한 우리의 기억이 허락하는 한 그의 모든 글에서 자존심이라는 말이나 이 말이 적용되는 관념은 한 번도 나타나지 않는다.

그가 간과하는 것은 완전함에 대한 욕망, 또는 양심에 찬성하거나 양심을 추궁하는 감정처럼 엄밀한 의미에서 본 인

---

17 『판례의 합리적 근거』 마지막 권(5권)의 한 구절에서, 그리고 아마도 다른 한두 곳에서, '정의의 사랑'이 거의 모든 인간에게 내재한 감정으로 언급된다. 현재 도달한 수준의 설명을 가지고는 어떤 감각이 벤담 철학의 전체 대의와 아주 일치하지 않는 부주의한 표현을 부여 받았는지 알아낼 수가 없다.

간 본성의 도덕적 측면만이 아니다. 그는 다른 어떤 이상 그 자체를 목적 삼아 추구하는 것도 인간 본성의 한 가지 사실로 거의 인정하지 않는다. 다른 사람들의 견해와 무관하거나, 심지어 그에 반항하며 작용하는 개인의 우쭐함과 의기소침의 감정인 **명예**와 개인의 위엄이라는 느낌, **아름다움**에 대한 사랑, 예술가의 열정, 만물에 있는 질서와 조화와 일관성에 대한 사랑, 그리고 만물의 목적에 대한 순응, 다른 사람들을 제압하는 제한된 형태의 힘이 아니라, 우리의 의지가 발휘될 수 있게 해 주는 힘인 추상적 힘에 대한 사랑, 인간 삶에서 그 반대의 것보다 덜 영향을 끼치는 법이 없는 원칙인 운동과 활동성에 대한 갈구로서의 **행동**에 대한 사랑, 편안함에 대한 사랑, 인간 본성의 이 강력한 구성 요소들 중 아무것도 '행위 동기' 가운데 한 자리를 차지할 만한 가치가 있는 것으로 생각되지 않는다. 또한 이 요소들 가운데 어느 것도 그 존재를 인정받지 못하는 대목을 벤담의 글 어떤 구석에서 아마 찾아볼 수는 없겠지만, 그 인정에 관한 결론은 전혀 찾아볼 수 없다. 지극히 복잡한 존재인 인간이 그의 눈에는 아주 단순한 존재로 보인다. 공감이라는 표제 아래에 서조차 그의 인식은 더 복잡한 감정의 형태, 즉 **사랑하는 행위**(loving)에 대한 사랑, 공감의 지지 또는 경탄과 숭배의 대상에 대한 욕구로 확장되지 않는다. 만일 그가 인간 본성의 더 깊은 감정에 관해 조금이라도 생각한 것이 있다면, 그것은 도덕주의자가 입법자 이상으로 관심을 갖고 있지 않고, 해악을 끼치는 행위로 이어질지 모르기 때문에 금하는 것 이상으로 나아가지 않는, 특이한 취향으로 다루는 것밖에 없다. 인간이 어떤 것에서는 쾌락을, 또 다른 것에서는 불쾌감을 얻어야 하거나 얻지 말아야 한다고 말하는 것이 그에게는 정치 지배자의 경우만큼이나 도덕주의자의 경우에도 독재 행위인 것으로 보였다.

벤담에게는, 인간 본성에 대한 이러한 묘사가 그 자신의 모습을 본뜬 것이고, 그가 자신의 '동기 일람표'에 넣기를 거부한 인간의 그 모든 구성 요소들이 그 자신의 가슴속에는 없는 것들이라고 추측하는 것은 (이것은 편협하고도 열정적인 반대자들이 할 법할 일인데) 가장 부당한 일이 될 것이다. 이제까지 보았듯이 덕에 관한 그의 젊은 시절 감정의 비상한 강도가 그의 모든 추론의 본래 근거였다. 또한 도덕성, 그리고 특히 정의의 고상한 의미가 그 추론들을 이끌면서 그 속에 배어들어 있다. 그러나 젊은 시절부터 무엇보다 인간의 (또는 감각 세계 전체보다는 인간의) 행복을 그 자체로 바람직한 유일한 것으로, 또는 다른 모든 것을 바람직한 것으로 만드는 유일한 것으로 염두에 두는 데 익숙했기 때문에, 그는 자신이 자기 내면에서 발견한 모든 사심 없는 느낌을 행복 일반에 대한 욕망과 혼동했다. 아마도 인간이 할 수 있는 만큼 덕을 그 자체로 사랑한 몇몇 종교인 저술가들이 덕에 대한 자신의 사랑과 지옥에 대한 두려움을 으레 혼동한 것과 아주 흡사하다. 오랜 습관 때문에 언제나 똑같은 방향으로 작용한 느낌들을 서로 구별해내는 것은, 벤담이 지닌 것보다 더 비상한 섬세함이 필요했다. 게다가 그는 상상력이 부족했기 때문에 충분히 읽어 낼 수 있는 곳에서도 타인들의 마음에서 차이를 읽어 낼 수 없었다.

그가 이렇게 큰 문제를 간과했기 때문에, 그에게 진 지적 의무의 정도에 근거하여 그의 제자로 간주된 능력 있는 사람들 가운데 그 누구도 그의 뒤를 따르지 않았다. 그들은 공리성 원칙 면에서, 그리고 도덕감각을 옳고 그름의 시금석으로 받아들이지 않은 면에서 그를 따를 수도 있었다. 그러나 그들은 흔히 말하는 공리성을 거부하면서, 하틀리[18]와 마찬가지로 공리성을 인간 본성 속에 있는 사실로 인정했고, 그것을 설명하고 그것에 법칙을 부여하고자 애썼다. 그들은 인

---

18 하틀리(David Hartley, 1705-57): 영국의 의사·철학자. -역주

간 본성 가운데 이 부분의 가치를 폄하하거나 공리성을 자신이 하는 추론의 뒷전으로 밀쳐 버리는 경향을 온당하게 생각하지 않는다. 만일 이 중요한 오류 중 어느 부분이라도 그들에게 영향을 미쳤다면, 그것은 벤담이 제시한 원칙의 다른 부분들이 그들의 사고방식에 영향을 끼친 것이다.

벤담은 자신이 유일하게 사심 없는 동기로 인정한 공감을, 제한된 특정 경우를 제외하고는 덕스러운 행위를 보증하는 데 부적합하다고 생각했다. 개인적 애착이 제삼자에게 해를 끼치기 쉽다는 것을 그는 잘 알았기 때문에, 그것은 다른 어떤 감정만큼이나 정부가 통제해야 한다. 또한 인간에게 보편적으로 영향을 미치는 동기로 간주되는 보편적 박애주의를, 그는 의무감과 분리될 때의 진정한 가치의 차원에서는 모든 감정 가운데 가장 허약하고 가장 불안정한 것으로 평가했다. 인간이 영향 받고 선함으로 인도될 수 있는 동기로는 오직 개인의 이익만 남았다. 이런 이유로 벤담이 생각한 세계는 각자 이익이나 쾌락을 추구하는 개인들이 모인 세계, 어쩔 수 없는 것 이상으로 서로가 난폭하게 경쟁하지 못하도록 하는 것을 세 가지 원천, 즉 법과 종교와 여론에서 나오는 희망과 두려움에 의해 시도해 볼 만한 세계다. 인간 행위를 강제한다고 생각되는 이 세 가지 힘에 그는 **제재**

(sanction)라는 이름을 부여했다. **정치적** 제재는 법의 보상과 처벌로, **종교적** 제재는 우주 지배자(the Ruler of the Universe)가 줄 것이라고 예상하는 보상과 처벌로, 그리고 그가 특이하게도 **도덕적** 제재라고 부르기도 하는 **대중적** 제재는 타인들의 호불호에서 비롯되는 고통과 쾌락을 통해 이루어진다.

이와 같은 것이 벤담의 세계 이론이다. 그러나 이제 변명이나 질책이 아니라 차분하고 정당한 평가를 하고자 하는 마음가짐으로, 우리는 인간 본성과 삶에 관한 이 관점이 누구든 얼마나 멀리 데리고 갈지, 즉 그것이 도덕 면에서 얼마나 많은 것을 성취할지, 또한 정치철학과 사회철학 면에서는 얼마나 많은 것을 성취할지, 그것이 개인을 위해서는 무엇을 하고 사회를 위해서는 무엇을 할지 탐구할 것이다.

벤담의 세계 이론은 세속의 이해타산과 겉으로 드러나는 정직성과 선행 가운데 더욱 명백한 몇몇 규칙을 규정하는 것 이상으로는 개인 행위에 대해 하는 바가 없다. 개인이 스스로 성격을 형성하는 데 도움을 주는 체하지 않고, 인간 본성 안에 자기 수양의 바람 같은 것이 있다는 것을 인정하지도 않고, 그러한 힘이 존재한다고 말할 수조차 없는, 이러한 윤리 체계의 결함을 자세히 설명할 필요는 없다. 또한 만일 그의 이론이 그것을 인정한다 하더라도, 그 인정이 그처럼 큰 이론적 의무에 많은 도움이 될 수는 없을 터인데, 왜 냐하면 이 이론은 인간이 느낄 수 있는 모든 내면 감정 가운 데 약 절반의 존재를 간과하고, 그중에는 인간 자신의 마음 상태를 직접 대상으로 하는 모든 감정이 포함되어 있기 때 문이다.

도덕성은 두 부분으로 이루어져 있다. 하나는 자기 교육, 즉 인간이 스스로 자신의 애착과 의지를 훈련하는 것이다. 이 분야는 벤담 이론 체계에서 비어 있는 부분이다. 이와 동 등한 다른 한 부분은 겉으로 드러나는 인간 행위를 규정하 는 것으로, 첫째 부분 없이는 전혀 작동하지 않고 불완전 할 수밖에 없다. 우리나 타인들의 애착이나 욕망을 규정하 는 데 그 이론이 미치는 영향을 이 의문의 일부로 받아들이 지 않는다면, 우리가 여러 가지 행위를 어떤 방법으로 어떻 게 평가할 수 있는지가 우리나 타인들의 세속의 이해관계에 도 영향을 미칠 것이기 때문이다. 벤담의 원칙 위에 서 있는 도덕주의자라면 그가 살해나 방화나 도둑질을 범하지 말아 야 한다는 데까지는 도달할 수 있다. 그러나 인간 행위 가운 데 미묘하게 더 좋은 것을 규정하는 데 필요하거나, 세계의 상황에 미치는 어떤 영향과도 아주 무관하게 성격의 깊이에 영향을 미치기 쉬운 인간 삶 속의 사실들, 예컨대 성적인 관계나 일반적인 가족 관계나 친밀한 성격의 다른 모든 사회적이고 교감하는 관계들에 관한 훨씬 더 큰 도덕성을 규정하는 데 필요한 그의 자질은 과연 어떠할까? 이러한 의문과 관련된 도덕성은 벤담이 전혀 계산에 넣지도 않은 고려 사항들에 본질적으로 의존한다. 또한 그가 우연히 올바른 추론을 한 경우에도, 그것은 항상, 그리고 필연적으로, 잘못되었거나 불충분한 근거 위에서 이루어진 것이었다.

벤담의 취향이 윤리 탐구 쪽보다는 법리 탐구 쪽에 있었다는 것이 세계에는 다행스러운 일이다. 그는 『의무론』말고는 명확히 윤리 탐구에 속하는 책을 자기 이름으로 출간한 바가 없는데, 이 책은 우리 경험에서 보자면 벤담을 존경하는 어떤 사람도 이 책을 언급할 때면 이 책이 세상에 널리 알려지지 않았다는 것에 깊은 유감을 보인 책이다. 우리는 벤담에게 윤리에 관한 정확하고 체계적인 견해를 제시하거나 인간의 마음에 관한 심오한 지식이 필요한 모든 도덕성 문제를 온전하게 다루어 주기를 기대하지 않았다. 우리가 기대한 것은, 더 큰 도덕적 의문을 과감하게 제기하고, 적어도 무언가를 탐색하는 비평을 일반 통념에 관해 제시하는 것이었다. 우리는 **자잘한 도덕규범**(petite morale)만을 거의 별도로, 또한 가장 현학적으로 치밀하게, 그리고 거래의 규칙이 되는 **응분의 대가**(quio pro quo) 원칙에 입각해서 다루는 것을 기대하지 않았다. 이 책은 잘못된 사고 체계가 낳는 타당한 결과를 정확하게 보여 주는 가치조차 지니고 있지 못하다. 이 책의 문체가 아주 완전히 새로 쓰인 글임을 보여 주고 있어서, 이 책에서 얼마나 많은 부분 또는 얼마나 적은 부분이 벤담이 쓴 것인지 알아낼 수가 없기 때문이다. 현재 진행 중인 전집 판본에 종교에 관한 벤담의 글이 포함되지 않을 것이라고 한다. 우리 생각에는 그 대부분이 굉장히 작은 가치가 있을 뿐이라고 생각할지라도, 이 글들은 적어도 그의 글이고, 세계는 이 글들이 그의 사고방식 체계를 만드는 데 어떤 영감을 주었는지 알 권리가 있다. 그러나 『의무론』을 뺀 건은 우리가 전적으로 타당한 것으로 여겨야 할 편집자 재량의 행위일 것이다.

만일 삶에 관한 벤담의 이론이 개인에게 별 소용이 되지 못한다면 사회에는 무슨 일을 할 수 있을까?

벤담의 이론은, 일정한 정신 발달 상태에 도달했고 다른 경우라면 그 상태의 유지가 가능할 어떤 사회가 그 물질적 이익을 지킬 수 있는 규칙을 규정할 수 있게 해 줄 것이다. 그것은 (더 높은 교리의 손에 쥐어진 도구로 이따금 쓰이는 경우를 제외하고는) 사회의 정신적 이익을 위해서는 아무것도 하지

못할 것이다. 또한 물질적 이익을 위해서조차 그 자체만으로
는 충분치 못하다. 어떤 물질적 이익도 얻을 수 있게 해 주
는 유일한 것, 어떤 인간 집단도 사회로 존재할 수 있게 해
주는 유일한 것은 국민성(national character)이다. 즉 국민성
은 한 국가가 하고자 하는 것을 성공할 수 있게 해 주지만
다른 국가는 실패하게 만든다. 한 국가는 고상한 것들을 이
해하기를 열망하는데, 또 다른 국가는 비열한 것들에 빠지
려고 든다. 이러한 점이 한 국가의 위대함을 영속하게 하고
또 다른 국가는 일찌감치 순식간에 멸망케 한다. 영국, 프랑
스 또는 미국이 사회제도들을 정착시킨 과정을 가르칠 수
있는 진정한 스승은 영국인과 프랑스인과 미국인의 국민성
이 어떻게 개선될 수 있는지, 그리고 현재의 그 국민성이 어
떻게 만들어졌는지 알려 줄 수 있는 사람이다. 국민성 철학
에 기초하지 않은, 법과 제도에 관한 철학은 터무니없는 것
이다. 그런데 벤담의 견해가 국민성에 관해 어떤 가치가 있
을까? 숫자도 적고 아주 볼품없는 유형의 개인 성격을 염두
에 둔 그가 저만큼 더 높은 일반화로 도약할 수 있을까? 그
가 할 수 있는 일이란 어떤 주어진 상태의 국민성 안에서 사
회의 물질적 이익을 지킬 수 있는 수단을 가리키는 일뿐이
다. 다른 사람들이 판단해야 하는 의문, 즉 그 수단을 사용

하게 되면 그 국민성에 어떤 해로운 영향을 끼칠지 여부에 대한 의문을 접어 둔 채 말이다.

그래서 우리는 벤담 철학과 같은 철학이 할 수 있는 것에 관한 일종의 평가에 도달했다. 그것은 사회제도 가운데 순수하게 **사업**(business) 부분을 조직하고 규제하는 수단을 가르쳐 줄 수 있다. 도덕적 영향과 관계없이 이해할 수 있는 모든 것 또는 행할 수 있는 모든 것, 이것이 바로 그의 철학이다. 그러한 영향이 고려될 필요가 있는 곳에서 그의 철학은 어찌할 바를 모른다. 그는 인간의 일 가운데 사업 부분이 그 전체라고 생각하는 실수를 범했다. 적어도 입법자와 도덕주의자가 서로 관련되어 있다고 생각했다. 그가 도덕적 영향을 인식했을 때 그것을 무시했기 때문이 아니다. 그의 상상력 부족, 인간 감정에 대한 적은 경험, 인간 감정들 사이의 계통과 관계에 대한 무지가 이렇게 보기 드문 철학을 만들어 낸 것이다.

따라서 사업 부분은 인간의 일 가운데 발전시키는 데 일정한 성공을 거둔 유일한 영역이다. 이 영역 속으로 그는 상당한 수의 포괄적이고도 명료한 실제 원칙을 도입했다. 이 분야는 그의 위대성이 담긴 분야다. 이 분야에서 그는 참으로 위대하다. 그는 몇백 년 동안 켜켜이 쌓인 박약한 추론들을 말끔히 치워 버리고, 가장 뛰어난 사상가들도 몇 세기 동안 더 단단히 묶어 놓았을 뿐인 매듭들을 풀어냈다. 그러니 한 가지 위대한 분야에서 이성의 빛을 비춘 최초의 인물이라고 그를 말하는 것이 과장이 아니다.

　벤담이 할 수 없었던 것에서 그가 해낸 것으로 흔쾌히 눈을 돌려 보자. 인류의 위대한 은인에게 왜 더 위대한 은인이 되지 못하는지 설명해 보라고 요구하는 것, 즉 몇몇 영광스러운 사례를 제외하고는 다른 어떤 개인으로부터 이 세계가 받은 것보다 더 많은 새로운 진실을 최초로 찾아냈고 더 많은 건전한 실제 가르침을 이 세계에 준 사람에게 그가 범한 오류를 들이대는 것은 불손한 일이다. 우리가 할 일 가운데 유쾌하지 않은 부분은 끝났다. 이제는 이 사람의 위대성, 그의 지성이 다루기에 적합했던 주제들을 그의 지성이 장악한 방법, 그 앞에 놓여 있었던 이 거인의 과제, 그리고 그 과제를 해낼 수 있었던 이 영웅의 용기와 힘을 보여 줄 차례다. 그 영역이 제한되어 있었다고 해서 그가 수행한 것을 하찮은 것으로 여겨서도 안 된다. 인간은 여러 갈래 길 가운데 한 작은 길이나 한 갈래로 난 큰 길로 가는 수밖에 없기 때문이다. 벤담이 노력을 바친 영역은 두 갈래 평행선 사이의 공간 같은 것이었는데, 그 공간의 한 쪽 방향은 지나치게 좁았고, 다른 쪽 방향은 끝이 없이 펼쳐져 있었다.

우리가 이미 알아냈듯이, 벤담의 추론은 법에서 시작했고 그 분야에서 그는 자신의 가장 위대한 승리를 성취했다. 그는 법철학을 혼돈 상태로 보았고 법철학을 과학이 되게 했다. 그는 법의 관행을 그리스신화에 나오는 아우게이아스 왕의 외양간처럼 불결한 것으로 보았기 때문에, 그 안의 쓰레기를 파내고 쓸어서 치워 버리는 강 물결이 그 안으로 흘러 들어가도록 했다.

벤담이 때때로 그러듯이 법률가들에게 과장된 독설을 퍼붓거나 사회의 한 부분만이 전체 잘못에 책임이 있다는 식으로 몰아붙이지 않고도, 볼테르가 법률가를 '아주 오래전의 야만스러운 관행을 고수하는 사람들'로 규정하면서 비난하는 데에 영국 법률가들이 특별한 책임이 있는 상황에 관해 우리는 말할 수 있다. 영국 법의 토대는 봉건 체제에 있었고 지금도 그렇다. 법으로 정립되기 이전에 관습으로 존재한 모든 것이 그렇듯이 봉건체제는 그 체제가 길러낸 사회, 즉 복속시킨 피정복 민족을 보유하고 있고 약탈품을 자기네 사이에서 나누는 거친 병사들의 부족이 결여하고 있는 것에 대한 일정 정도의 적합성을 지니고 있었다. 하지만 선진 문명이 들어와서 노예로 전락한 적들 사이에 있는 무장 야영

지의 이 야만스러운 전사들을 산업과 상업을 영위하는 부유하고 자유로운 민족으로 바꾸어 놓았다. 이러한 봉건체제의 사회 상태에 적합했던 법이 변화된 사회 상황과 관련된 방법을 가질 수는 없었다. 과거의 법을 새로운 사회에 적합하도록 개조하는 일을 하지 않으면 새로운 사회는 존재조차 할 수 없었다. 그러나 그 개조는 사고와 고안의 결과가 아니었다. 그것은 새로운 사회 상태와 그 시급한 요청을 종합해서 고려한 데서 나오지 않았다. 실제로 이루어진 일은 오랜 야만과 새로운 문명 사이, 그리고 자신들이 만든 거친 체제를 단단히 고수하고 있었던 정복자들로 이루어진 봉건귀족과 자신들의 해방을 이루어 낸 피정복자들 사이의 수백 년에 걸친 투쟁에 의한 것이었다. 후자는 성장하는 세력이었지만, 이따금 어떤 약한 부분이 무너지는 일은 있어도 그 굴레를 부술 만큼 강하지는 못했다. 그래서 낡은 법은 마치 처음 학교에 갔을 때 자기에게 만들어 준 옷을 계속해서 입어 온 어떤 성인의 복장 같은 것이 되었다. 그 복장의 띠들이 연이어 터졌고, 찢어진 부분이 점점 넓어지자, 저절로 떨어져 나가는 부분 말고는 아무것도 없애지 않은 채 구멍을 깁거나, 새 법이라는 천 조각을 가장 가까운 가게에서 사 와서 터진 곳에 덧댔다. 이렇게 해서 영국 역사의 모든 시대는 영국 법에서 서로 얽힌 채 만나 왔다. 지구의 서로 다른 여러 시대를 지표면의 몇몇 수직 절단면에서 읽어 낼 수 있는 것처럼, 영국 역사의 모든 시대들의 몇몇 산물이 서로 배어들지 않고 중첩되어 쌓여 있는 것을 모두 볼 수 있다. 이것은 이어지는 각각의 시대의 퇴적물이 앞의 퇴적물을 밀어내고 들어앉은 것이 아니라 그 위에 덧쌓인 것이다. 또한 물질세계와 마찬가지로 법률 세계에서도 구성 부분 사이의 모든 소란과 갈등이 지층의 단절이나 불규칙성을 흔적으로 남겼다. 그래서 사회 내부를 찢어 놓은 모든 투쟁이, 그 찢어진 부분을 덮어놓은 법률 영역 부분의 일관성 없는 상태를 통해 분명하게 보인다. 아니, 다투고 있는 한 당파가 또 다른 당파를 잡으려고 놓은 덫과 함정이 여전히 있고, 하이에나뿐만 아니라 여우와 모든 교활한 동물들의 이빨 자국이 이 태고의 동굴에 진기한 유적으로 남아 있다.

영국 법에는, 그 이전에 로마법이 그랬던 것처럼 야만 시대의 법이 문명화된 사회의 성장에 맞도록 대개 슬쩍 개조되어 있다. 그러한 개조는 대개 재판소에서 이루어졌는데, 재판관들은 자기 앞에 온 사람들 사이의 소송 사건을 통해 인간의 새로운 바람을 읽어 내는 데 도움을 줄 수 없었다. 게다가 그 새로운 바람을 충족시킬 새로운 법을 만드는 권한이 없었기 때문에 그 일을 은밀히 해야 했고, 무지하고 편견에 사로잡혀 있으며 대부분 잔인하고 포악한 입법기관의 질시와 반대를 모면해야 했다. 신탁재산에 법의 힘을 부여하는 것, 그리고 한사상속(entail)[19]을 못 하게 하는 것과 같은 이러한 개선 가운데 가장 필요한 몇몇 가지는, 강력하게 선언된 의회의 의지에 실제로 반대하면서 실현되었다. 판사들의 약삭빠름에 견줄 바 못 되는 국회의원들의 둔한 솜씨로는 아무리 반복해서 시도해도, 판사들이 무효로 만들기 위한 속임수를 찾아낼 수 없는 어떤 법도 만들어 낼 수 없었다. 신탁재산에 관한 다툼의 전 역사는, 현 법무 장관이 제출한 법안에 의해 벌금에 의한 권리 회복이 폐지될 때까지 한사상속에 관한 다툼이 그랬던 것처럼, 양도증서에 쓰이는 말에서 여전히 읽어 낼 수 있다. 그러나 법률 고객은 자신의 재산권 문제를 해결할 때마다 구입하지 않으면 안 되었던 역사적 유물들의 진열장에 비싼 값을 지불했다. 이런 방식으로 사회제도를 개선한 결과, 새롭게 행해지는 것이 무엇이든 낡은 형식과 이름을 그대로 지닌 채 행해질 수밖에

---

19 한사상속(entail, 限嗣相續): 상속인을 지정하여 상속하는 것. 주로 남계 상속인에게 재산을 상속하기 위해 사용된다. -역주

없었다. 또한, 마치 농업을 개선할 때 쟁기가 삽처럼 보이게 만듦으로써 도입되기나 했던 것처럼, 또는 마치 말 꼬리를 이용하여 원시적으로 쟁기질을 하던 관행이 마구의 혁신에 의해 밀려날 때 모양을 좋게 하기 위해 말 꼬리를 여전히 쟁기에 붙여 남겨 두기나 했던 것처럼, 법 역시 이와 아주 똑같은 결과를 남기면서 개선되었다.

갈등이 해소되고, 뒤엉킨 덩어리들이 어떤 고정된 상태 같은 것으로 자리를 잡고, 법률가들에게는 그 상태가 아주 이익을 내기 좋고 그래서 아주 기분 좋은 것이 되자, 그들은 인간 심리의 자연스러운 경향을 좇아서 그것을 이론화하기 시작했고, 숙명적으로 그것을 소화해서 그것에 체계적인 형태를 부여해야 했다. 질서나 체계에 근접한 유일한 부분은 오래된 야만적 관습일 뿐이었고 이미 그 반 이상은 새 것으로 대체되어 있었는데, 바로 이런 것의 들쭉날쭉한 조각들을 가지고 영국 법률가들은 귀납과 추상화를 통해 자신들의 법철학을 구성해내야 했다. 게다가 그들에게는 로마 제국 법률가들이 그와 비슷한 과제를 수행하며 도입한 논리적 습성과 일반적인 지적 교양도 없었다. 벤담은 그 법철학을 어떤 영어를 쓰는 법률가들이 만들어 놓은 것인지 알아냈다. 그 법철학은 **물적**(real) 재산과 **인적**(personal) 재산,

법(law)과 **형평법**(equity), **중죄**(felony), **교황 존신죄**(尊信罪, praemunire)[20], **범죄 은닉**(misprision), **경범죄**(misdemeanour)처럼, 영국 제도사에서 떼어 놓고 보면 아무 의미도 없는 뒤죽박죽 말들로 이루어져 있었다. 이 말들은 마치 바다와 해안이 서로 간의 오랜 싸움을 통해 상호 경계선으로 조정해 놓은 것을 가리키는 밀물 최고 수위선과 썰물 최저 수위선 같은 것일 뿐이었고, 그런데도 모두가 사물 본성에 내재한 특징을 가리키는 말들로 통하고 있었다. 이 말들을 통해 온갖 어처구니없는 관행과 온갖 돈이 되는 악습이 자기 존재 이유를 찾아낼 수 있었는데, 그 이유라는 것은 편의주의에서 나온 것처럼 겨우 이따금씩 가장하는 이유였다. 또한 대부분 그것은 기술적 이유였고, 낡은 야만적 체계에서 뽑아낸 형식적 이유일 뿐이었다. 법 이론은 이런 상태였지만, 그것이 어떻게 실행되었는지 설명하려면 스위프트나 벤담 자신의 필력이 필요할 것이다. 당시 소송의 전 과정은 법률가가 이익을 뽑아내기 위해 고안한 일련의 술책 같은 것이었고, 그 속에서 소송인은 먹잇감으로 생각되었다. 또한 만일 가

---

20 교황 존신죄(尊信罪, praemunire): 로마 교황이 영국 국왕보다 우월하다고 주장한 왕권 멸시죄. -역주

난한 이들이 모든 질 오버리치 경(Sir Giles Overreach)[21]에게 속수무책으로 먹잇감이 되지 않는다면 법이 아니라 여론과 관습에 감사할지도 모른다.

어떤 사람들은 벤담이 이런 온갖 불합리한 것에 그저 이름을 지어 주고 그것이 그런 이유를 증명하는 쉬운 일을 했다고 상상할지도 모른다. 그러나 그는 그 싸움을 젊어서 시작했고, 추종자가 생기기 전에 노인이 되었다. 이런 해로운 엉망진창 상태를 검토나 의심으로부터 보호하고 영국 법을 정당하게 평가하자는 블랙스톤의 매력적인 건의를 외면하고, 인간 이성에 부끄러운 것을 인간 이성의 완성이라고 선언한 미신의 힘을, 역사는 언젠가 믿으려 하지 않을 것이다. 이 미신에 치명타를 날린 것은 벤담의 영예였다. 그는 이 히드라를 죽인 헤라클레스이자 이 해로운 용을 죽인 성 게오르기우스였다! 이 영예는 모두 그의 것이다. 오직 그의 독특한 자질만이 그 일을 할 수 있었다. 이렇게 하는 데에는 그

---

21 질 오버리치 경(Sir Giles Overreach): 영국 르네상스 시대 극작가 필립 매신저(Philip Massinger, 1584-1640)의 희곡 『묵은 빚을 갚는 새로운 방법(A New Way to Pay Old Debts)』(1633)의 악한 주인공. 작중에서 질 오버리치 경은 노팅엄셔 지방의 상류층 사람인 웰본(Welborn)과 올워스(Allworth)에게 사기를 쳐서 웰본은 가난뱅이로, 올워스는 이 지방 귀족인 러벨 경(Lord Lovell)의 시동(侍童)으로 만들어버린다. -역주

의 지칠 줄 모르는 인내심, 다른 사람들 견해의 뒷받침을 필요로 하지 않는 확고한 자립심, 강력하게 실용적인 사고방식, 종합하고자 하는 성향, 그리고 무엇보다도 그의 독특한 방법이 필요했다. 애매한 추상론으로 무장한 형이상학자들이 종종 그 주제를 다루어 보려고 했으나, 자신들이 발견한 상태 이상으로 그것을 진전시키지 못한 채 그만두었다. 법은 사업의 문제이고, 이 문제에서는 수단과 목적이 고려되어야 할 것들이다. 애매함은 애매함으로가 아니라 명확함과 정밀함으로 다루어야 했다. 세밀한 부분들은 추상론으로가 아니라 세밀함 자체로 마주해야 했다. 존재하는 것들이 나쁜 것이라는 사실을 그저 보여 주기만 해서는 그와 같은 주제를 놓고 어떤 진보도 이룰 수 없었다. 존재하는 것들이 어떻게 하면 더 나아질 수 있는지를 보여 주는 것도 필요했다. 벤담 말고는 우리가 읽은 어떤 위대한 사람도 이 일을 할 만한 능력이 없었다. 벤담은 그 일을 완전하게 해냈다.

우리는 벤담이 해낸 것의 세부 사항들을 살펴볼 수는 없다. 그것을 웬만큼 압축해서 보여 주는 데에도 수백 쪽 분량이 필요할 것이기 때문이다. 그러니 몇 가지 표제로 우리의 평가를 요약해 보자. 첫째, 그는 법철학에서 신비주의를 몰아냈고, 어떤 명확하고 정밀한 목적의 수단으로서 현실 관점에서 법을 보는 본보기를 정립했다. 둘째, 법 개념 전반, 법에 관련된 조직의 개념, 그리고 이 두 가지와 연관되어 있는 다양한 일반 개념들과 한 몸이 되어 있는 혼란과 애매함을 깨끗이 없앴다. 셋째, **성문화**(codification), 즉 모든 법을 글로 쓰고 체계적으로 정리한 법전으로 전환할 필요성과 실행 가능성을 제시했다. 그것은 나폴레옹법전처럼 단일한 개념 정의가 안 되어 있어서 전문 용어의 의미를 알기 위해 선행 법전을 끊임없이 참조해야 하는 것이 아니라, 그 자체에 스스로 해석에 필요한 모든 것과 그 자체의 수정과 개선을 위해 필요한 것을 끊임없이 공급할 수 있는 법전이다. 그는 그러한 법전이 어떤 부분으로 구성될지, 그 부분들이 서로 어떻게 연관되어 있는지를 보여 주었다. 또한 자신의 구분과 분류를 통해, 그 명명법과 배치 방법이 어떠해야 하고 어떠할 수 있는지를 보여 주는 아주 많은 작업을 했다. 그는 자신이 못한 일을 남들이 비교적 하기 쉽게 만들어 두었다. 넷째, 민법이 해결하고자 하는 사회의 시급한 요청과 그 해결 방안의 타당성을 판단하는 기준이라 할 인간 본성의 원리에 관한 체계적 관점[22]을 갖고 있었다. 그런데 이 관점은, (우리가

---

22 그의 전집 2부에 있는 '민법의 원칙'을 보라.

이미 암시했듯이) 정신적 이익이 고려되어야 하는 모든 경우에 결함이 있지만, 물질적 이익을 지키기 위해 고안된 모든 나라 법률의 대부분 경우에는 매우 훌륭하다. 다섯째, (이전에 저질러진 무언가 무시 못 할 일에 대한 처벌이라는 문제는 말할 것도 없이) 법철학의 다른 어떤 부분보다도 더 형편없는 상태에 있었던, 사법제도의 철학과 증거의 철학을 포함한 사법절차의 철학을 새로 만들어 냈다. 그는 그 일을 단번에 거의 완벽하게 해냈다. 그는 그 철학 원칙의 모든 것을 확립한 채로 그 일에서 손을 뗐기 때문에, 실질적 준비를 제안하는 면에서조차 해야 할 일이 거의 남아 있지 않았다.

벤담을 변호하는 이러한 주장은 그 결과를 두려워하지 않고도 이 주장을 평가할 능력이 있는 사람들에게 맡겨 놓을 수 있다. 벤담에 관한 이 주장이 과장으로 보이지 않을 만한 사람들이 가장 높은 재판관석에조차 지금 앉아 있다. 그가 잇달아 제기한 원칙이 그의 영향력에 가장 저항하는 사람들 속으로 점점 더 침투해 들어가면서 한구석 또 한구석에서 그들의 허튼수작과 편견을 몰아내고 있다. 그의 원칙을 따르는 어떤 나라의 법률 개혁도 서서히 진행될 수밖에 없고, 오랜 기간에 걸쳐 완수될 수 있다. 그러나 그 작업이 현재 진행 중이고, 의회와 판사들은 해마다 그 작업의 진전을 향한 무언가를, 그리고 종종 무시 못 할 무언가를 행하고 있다.

여기서 벤담과 성문화 원칙 모두에 때때로 퍼부어지는 비난을 살펴보는 것이 적절할 듯하다. 그 비난을 퍼붓는 사람들은 모든 시대와 사회의 모든 상태에 맞는, 이미 만들어져 있는 단일 형태의 법체계를 요구하는 것 같다. 성문화 원칙은 그 말이 나타내듯이 법의 내용이 아니라 법의 형태만을 말한다. 그것은 법이 무엇이어야 하는지에 관심이 있는 것이 아니라, 무슨 법이든 간에 체계적으로 정리되고 말의 확실한 형태로 고정되어야 한다는 것을 천명한다. 벤담에 관한 한, 그 비난에 대해서는 (당시 처음에는 영어로 출간된) 그의 전집에 실린 에세이 가운데 하나인 「입법화 문제에서 시간과 장소가 미치는 영향에 관하여」가 완벽한 대답이다. 법을 필요하게 만드는 다른 부분의 바람만큼이나, 법과 관련하여 다양한 나라의 서로 다른 시급한 요청이 그의 관심을 체계적으로 사로잡았다는 것을 이 글을 통해 알 수 있다. 또한 인간 본성에 관한 그의 이론이 지닌 불완전함 때문에 그의 모든 추론에 한계가 있는 것도 사실이다. 그러나 앞서 보았듯이 인간 본성을 형성하고 유지하는 국민성과 그 국민성의 원인을 거의 고려하지 않았기 때문에, 그는 아주 제한된 정

150

도로밖에 한 나라의 법을 국민 문화의 수단으로 고려할 수가 없었다. 그것은 법에서 가장 중요한 면 가운데 하나이고, 그 면에서 이미 획득한 문화의 등급과 종류에 따라 법은 틀림없이 다양성을 보인다. 이것은 가정교사가 자기 학생의 교육 진도에 따라서 서로 다른 수업을 하는 것과 마찬가지다. 사나운 독립성에 익숙했던 야생의 우리 선조들과 군사적 전제정치에 머리를 조아린 아시아 민족을 같은 법률이 만족시키지는 못했을 것이다. 노예는 자신을 통제할 수 있도록 훈련받아야 하고, 미개인은 다른 사람들의 정부에 복종해야 한다. 똑같은 법이, 일반 원칙에서 나오는 모든 것을 불신하는 영국인과 일반 법칙에서 나오지 않는 것은 무엇이든 불신하는 프랑스인에게 적합할 리가 없다. 독일인처럼 본질적으로 주관적인 민족, 북부와 중부 이탈리아 사람들처럼 본질적으로 객관적인 민족, 다정하면서도 꿈을 꾸는 듯한 전자와 열정적이면서도 세속적인 후자, 남을 잘 믿고 충직한 전자와 계산적이고 의심이 많은 후자, 충분히 현실적이지 않은 전자와 지나치게 현실적인 후자, 개성이 부족한 전자와 동류의식이 부족한 후자, 자기주장을 충분히 하지 못하는 전자와 타인에게 충분히 양보하지 못하는 후자, 이들을 성품의 완성을 위해 훈련시키거나 통일된 국민과 국가 조직으로 구성해내는 데에는 서로 아주 다른 제도가 필요하다. 벤담은 이런 주제와 연관 지어 제도를 바라보는 데에는 거의 익숙지 않았다. 이런 점을 보지 못한 결과를 그의 모든 추론을 통해 물론 보아야 하지만, 우리는 그 결함이 그를 이끈 오류가 민법과 형법의 대부분에서는 아주 중요하지 않다고 생각한다. 근본적 오류는 헌법 제정 분야에 있다.

벤담의 정부 이론은 최근 몇 년간 세상에서 아주 많은 논란을 불러일으켰고, 급진 철학 가운데에서 아주 뚜렷한 위치를 차지하게 되었으며, 급진적 사고방식이 다른 어떤 사고방식보다 훨씬 더 광범위하게 그 이론의 정신에 가담하게 되니, 많은 훌륭한 인물들이 현존하는 다른 급진 철학이 없다고 생각한다. 그런 사람들이 자신들의 실수를 스스로 찾아내도록 내버려 두고, 우리는 이 유명한 이론의 진실과 오류를 분간해 보고자 두서너 마디 해 보려고 한다.

정부에 관한 세 가지 큰 질문이 있다. 첫째, 국민의 이익을 위해 국민은 어떤 권위에 복종해야 할까? 둘째, 어떻게 국민을 그 권위에 복종하도록 유도할 수 있을까? 이 두 가지 의문에 대한 답은 어떤 국민이 이미 획득한 문명과 교양의 등급과 종류, 그리고 더 많은 것을 받아들이고자 하는 그 사람들의 독특한 태도에 따라서 무한히 다양하다. 그다음에 오는 셋째 질문에 대한 답은 아주 다양할 것 같지 않은데, 말하자면 '이 권위의 남용을 무슨 수단으로 방지할 것인가'가 그것이다. 이 셋째 질문은 벤담이 세 가지 가운데 심각하게 몰두한 유일한 의문이고, 그는 그 의문이 받아들일 수 있는 유일한 답을 내놓는다. 책임, 즉 개인의 명백하고 인식 가능한 이익이 자기 목표와 일치하는, 바로 그 개인들에 대한 책임이, 결국은 좋은 정부가 답이다. 이것이 충족되면 그 다음 질문이 나온다. 이익과 좋은 정부, 즉 공동체 전체의 이익의 이러한 일치를 개인들의 어떤 조직에서 찾아볼 수 있을까? 벤담에 의하자면, 다름 아닌 다수파에서다. 그러나 우리는 그것을 다수파 자체에서도 찾아볼 수 없고, 모두가 아닌 공동체의 어떤 부분의 이익도, 항상 그리고 모든 면에서, 모두의 이익과 일치하지 않는다고 말한다. 그러나 대의제도에 의해 모든 이에게 주어지는 권력은 사실 다수파에게 주어지기 때문에, 우리는 우리의 세 가지 질문 중 첫째 질문, 즉 '어떤 권위 아래 놓이는 것이 국민의 이익을 위한 것일까?'라는 질문으로 돌아가야 한다. 그런데 만일 이 질문에 대한 답이 그들 가운데 다수파의 권위 아래 제시된다면, 벤담의 체계는 의문의 여지가 없다. 이 한 가지 가정이 전제된다면, 그의 '헌법 체계'는 경탄할 만하다. 포괄적 원칙들을 장악하고

자잘한 세부 사항까지 계획하는 데에 그가 지닌 비상한 힘은, 통치자가 다수파의 통제에서 벗어나지 못하게 하는 수단을 고안하고, 다수파가 끊임없이 그 통제를 할 수 있도록 유도하며, 도덕과 지력 면에서 바람직한 모든 재능을 지니고 있으면서도 다수파의 의지에 완전히 복종할 수 있는 관리들을 제공하는 데에 탁월한 활기를 발휘한다.

그러나 벤담 정치철학의 이 근본 원리가 보편적 진리일까? 인간이 다수파의 절대적 권위 아래 있는 것이 모든 시대와 모든 장소에서 좋은 걸까? 우리는 단순히 정치적 권위가 아니라 권위를 말하는데, 왜냐하면 무엇이든 사람들의 육체를 절대적으로 지배하는 힘은 그들의 마음을 침해하지 않을 것이라고, 즉 (아마도 법적 처벌이 아니라 사회에 대한 박해에 의해) 자기 기준에서 어긋나는 견해와 감정을 통제하려 들지 않을 것이고, 자기 방식에 따라 젊은이들의 교육 형태를 만들고, 자기 것과 모순되는 정신을 살아 있게 할 목적으로 시도될 수 있는 모든 책, 모든 학교, 사회에 대한 공동 행동을 하기 위한 모든 개인 연합체를 말살하려 들지 않을 것이라고 추측하는 것은 공상이기 때문이다. '모든 시대와 국가에서 여론(Public Opinion)의 독재 아래 있는 것이 인간의 적절한 상태인가?'라고 우리는 묻는다.

그러한 원리는 근대 유럽의 귀족 정부, 즉 소수의 사리사욕과 안락을 위해 (사리분별, 그리고 이따금 인간적 감정이 개입된 경우를 제외하고) 공동체 전반을 완전히 희생시키는 데 기초한 정부에 저항하던 시기의 몇몇 가장 숭고한 인물들의 인정을 구해야 한다. 유럽의 개혁주의자들은 다수파가 정부에 의해 모든 곳에서 부당하게 억압당하고, 모든 곳에서 짓밟히거나, 기껏해야 무시당하는 모습을 흔히 보곤 했다. 다수파가 자신들의 가장 분명한 불만에 대한 보상과 정신문화에 대한 준비를 요구하거나 자신들이 통치 계급으로부터 금전적 이익에 대한 세금 부담을 공공연하게 요구받지 않을 만큼 충분한 힘을 가진 곳은 어디에도 없었다. 이런 현실을 보면서 다수파에게 (다른 무엇보다도) 더 많은 정치권력을 줌으로써 그것을 끝장내고자 하는 것이 급진주의의 본질이다. 또한 벤담의 이론 같은 정부 이론이 많은 사람들의 호감을 얻은 것은, 이 시대의 많은 사람들이 이 바람을 공감했고, 이 바람의 실현이 삶의 목적으로 인간이 헌신할 만한 가치가 있는 대상이이라고 생각했기 때문이다. 그러나 하나의 나쁜 정부 형태로부터 또 다른 나쁜 정부 형태로 옮아가는 것이 인간의 보통 운명이라 할지라도, 철학자들은 중요한 진실의 한 부분을 또 다른 부분에 희생시킴으로써 그 운명에 가담해서는 안 된다.

　어떤 사회든 그 다수파는 틀림없이 모두가 같은 사회적 지위에 있고 대부분 같은 직업을 가진 사람들, 다시 말해 비숙련 육체노동자로 이루어진다. 그들을 멸시한다는 뜻이 아니다. 우리가 그들에 관해 무슨 불리한 말을 하든 간에, 우리는 상인이나 지주의 다수파에 관해서도 똑같은 말을 한다. 지위와 직업의 동질성이 있는 곳에는 편파성과 열정과 편견의 동질성 또한 있기 마련이다. 그런데 다른 종류의 편파성과 열정과 편견을 통해 균형을 잡아 주지 않으면서 어느 한 집단의 편파성과 열정과 편견에 절대 권력을 주는 것은, 모든 절망적 불완전함을 고치는 방법이되, 편협하고 비열한 유형의 인간 본성을 보편적이고 영속적인 것으로 만들고, 인간의 지적 본성과 도덕적 본성을 더 개선하는 경향이 있는 모든 영향력을 짓밟는 방법이기도 하다. 사회에는 어떤 최고 권력이 있어야 함을 우리는 알고 있고, 다수파가 그 권력이어야 한다는 것은, 본래 정당한 것으로서가 아니라 최고 권력 문제가 해결될 수 있는 다른 어떤 토대보다 덜 부당하다는 의미에서 대체로 옳다. 그러나 편파적 관점을 교정해 주는 것으로, 그리고 사고의 자유와 성격의 개별성, 다수파의 의지에 대한 영구적이고 지속적인 반대(Opposition)를 보호하는 장소로 유지되기 위해, 사회제도가 이런저런 형태의 규정을 만드는 것이 필요하다. 오랜 세월 동안 진보를 계속해 왔거나 오래도록 위대했던 모든 나라가 그렇게 위대했던 이유는 평민이 귀족에게, 성직자가 왕에게, 자유사상가가 성직자에게, 왕이 호족에게, 서민이 왕과 귀족에게 그랬던 것처럼 그 권력이 어떤 종류가 됐든 지배 권력에 맞서는 조직된 반대가 있었기 때문이다. 이제까지 살았던 거의 모든 위대한 인물들은 그러한 반대의 일부분을 만들어 냈다. 그런 어떤 다툼이 진행되어 오지 않은 곳은 어디나, 즉 자기주장을 하는 원칙들 가운데 어느 한 가지가 완전한 승리를 거두어 그 다툼이 끝나 버렸고, 새로운 경쟁이 낡은 경쟁의 자리를 대신하지 않은 곳에서는 사회가 중국식 정체 상태로 고착화되거나 해체되어 버렸다. 지배 권력이 탐탁하지 않게 보는 모든 도덕적·사회적 요소들이 모여들 수 있고, 그 보루 뒤에서 그 요소들이 자기를 말살하려고 하는 지배 권력으로부터 스스로를 보호할 수 있는 저항의 중심은 지배 권력이 지배 계급이나 귀족인 곳만큼이나, 다수파의 견해가 절대 권력을 지닌 곳에서도 필요하다. 그러한 **근거지**(point d'appui)가 없는 곳에서는 인간이 반드시 타락한다. 그래서 예컨대 미국이 언젠가 또 다른 중국(역시 아주 상업화되고 산

157

업화된 나라다)으로 전락할 것인가 하는 의문은 결국 우리에게, 그러한 저항의 중심이 점차 발달할 것인가 아닌가 하는 의문이 될 것이다.

이 점들을 고려한다면, 벤담이 왕이나 상원이 없는 보통선거권을 통해 다수파를 절대 권력의 왕좌에 앉히는 데 만족하지 않고, 여론이라는 굴레를 모든 공무원들의 목에 점점 더 단단히 고정하고, 소수파나 공무원 자신의 권리 개념에 의한 가장 사소하거나 가장 일시적인 영향력 행사의 모든 가능성을 배제하는 수단을 고안하는 데 모든 독창적 지략을 쏟아부었을 때, 그가 가장 쓸모 있는 일을 했다고 우리는 생각할 수 없다. 분명히 어떤 권력이든 가장 강력한 권력이 되면, 충분한 것이 그것에 행해진 셈이 된다. 그 가장 강력한 권력이 다른 모든 것을 집어삼키지 못하게 하기보다는 관리가 그때부터 필요하다. 사회의 모든 힘이 단일한 방향으로 움직이는 곳은 어디에서나 개별 인간의 정당한 주장이 극단적 위험에 처한다. 다수파의 권력은 개인 인격의 존중과 교양 있는 지성의 우월성에 대한 경의에 의해 그 행사가 진정되면서, 공격적으로가 아니라 방어적으로 사용되는 한에서 건전하다. 만일 벤담이 근본적으로 민주적인 제도가 이 두 가지 감각을 보존하고 강화하는 데 가장 잘 활용될 수 있는 수단을 알려주는 데 열중했더라면, 그는 더욱 영원히 가치 있고 그의 위대한 지성에 더욱 걸맞은 일을 해냈을 것이다. 몽테스키외가 현시대의 관점을 지니고 있었다면 그 일을 했을 것이다. 그런데 우리는 아마도 우리 시대의 몽테스키외인 M. 드 토크빌에게 이 혜택을 받을 운명일 것이다.

그렇다면 우리는 벤담의 정치적 추론이 쓸모없다고 간주하는가? 전혀 그렇지 않다. 우리는 그의 정치적 추론이 한쪽에만 치우쳐 있다고 생각한다. 그는 한 가지 강력한 관점을 내놓았고, 수많은 혼돈과 오해를 깨끗이 걷어 냈으며, 경탄할 만한 솜씨로 완전한 정부의 이상적 자질 중 하나, 즉 공동체와 공동체의 권력을 맡아 두고 있는 사람들 사이의 이익의 일치를 촉진할 수 있는 최선의 수단을 알려 주었다. 이 자질을 이상적으로 완전한 상태로 얻을 수는 없지만, 다른 모든 필요조건들을 끊임없이 살펴보면서 그것을 얻기 위해 더욱 분투해야 한다. 그러나 그 다른 필요조건들은 이 자질을 망각하지 않은 채로 얻기 위해 훨씬 더 노력해야 한다. 또한 다른 어떤 목적을 위해 이 작업을 아주 조금이라도 뒤로 미루게 되면, 종종 반드시 나타나는 그 희생의 결과는 악이 수반되지 않는 법이 없다. 벤담은 이 희생이 근대 유럽 사회에서 얼마나 완전하게 나타나는지, 현재 여론에 맡겨지는 정도의 억제만이 있는 상태에서 그곳의 지배 권력이 얼마나 배타적으로 편파적이고 사악한 이익인지 보여 주었다. 그런데 이러한 사정이 사물들의 현존 질서 속에서 영원히 지속하는 선의 원천으로 보였기 때문에, 그는 자연스러운 편파성에 이끌려 그것에 내재하는 탁월함을 과장하게 되었다. 벤담은 지배자들의 이 사악한 이익이 품고 있는 모든 속임수를, 특히 그 사악한 이익에 영향 받는 사람들로부터 그 이익을 숨기는 속임수들을 끝까지 파헤쳤다. 그가 보편적 인간 본성의 철학에 제공한 가장 위대한 기여는 아마도 그가 '이익을 낳는 편견'이라고 일컫는 것, 즉 자신의 사리사욕을 따르는 것을 의무와 덕으로 삼는 인간의 공통된 경향을 설명한 것이다. 이 개념이 벤담에게 독특한 것은 전혀 아니었다. 우리가 우리의 이기적 경향에 굴복하고 있을 때 그렇지 않다고 우리 스스로를 설득하는 이 교묘한 술책은 모든 도덕주의자의 주의를 끌었고, 인간 심리의 심오함과 복잡다단함에 관한 지식이 벤담의 그 지식보다 우월한 만큼 글의 깊이는 벤담보다 훨씬 얕은 종교 저술가들에 의해 철저히 조사된 바 있었다. 그러나 벤담이 설명해 준 것은 계급 이익의 형태로 된 이기적 이익이자 그것에 기초한 계급 도덕이다. 즉, 많은 것이 서로 뒤얽혀 있고 공통된 이익을 가지고 있는 모든 집단의 개인들이 그 공통된 이익을 자신들의 덕의 기준으로 삼고, 그 계급 구성원들의 사회적 감정이 그들의 이기적 감정의 손아귀에 들어가게 만드는, 바로 그 태도가 그것이다. 이 개념은 벤담의 가장 중요한 개념 가운데 하나였고, 그가 역사를 설명하는 데 기여한 거의 유일한 방법이었다. 이 개념이 역사를 설명한 것을 제외하고는, 역사의 많은 부분이 그에게는 완전히 해명될 수 없었음이 틀림없다. 이 개념은 엘베시우스가 그에게 준 것이었는데, 엘베시우스의 책 『정신론(De l'Esprit)』은 이 개념에 대한 한 가지 지속적이면서도 아주 예리한 논평서다. 또한, 18세기의 다른 대부분 유물론자들은 문학사에서만 이름을 남길 터이지만, 엘베시우스의 다른 위대한 개념인 '성격에 미치는 상황의 영향'과 함께 이 개념은 그의 이름이 루소의 곁에 살아 있게 할 것이다.

우리가 이제까지 벤담 철학에 관해 간략하게 살펴보는 과정에서, 그의 이름을 들으면 다른 어떤 것보다 더 많이 떠올리게 되는 벤담 철학의 첫째 원칙, 즉 '공리성의 원칙', 또는 그가 나중에 이름 붙인 바로는, '최대 행복의 원칙'에 관해 우리가 거의 말하지 않은 것이 독자에게는 뜻밖일 수도 있다. 이것은 만일 여유가 있거나, 벤담을 정당하게 평가하는 데 실제로 필요하다면, 많은 것을 이야기해야 할 주제다. 도덕에 관한 형이상학을 논의하는 데 더 적합한 기회, 또는 아주 추상적이지만 이해할 만한 주제에 관한 견해를 펼치는 데 필요한 설명 기회가 편안하게 주어진다면, 우리는 이 주제에 관해 우리가 생각하는 것을 이야기할 준비가 충분히 되어 있다. 지금으로서는, 적절한 설명이 있다면 벤담의 원칙에 완전히 동의하겠지만, 도덕의 세부 사항에 관한 모든 올바른 사고가 그것을 분명히 표현하는 것에 달려 있다는 그의 주장에 동의하지 않는다고 말할 뿐이다. 우리는 공리성이나 행복이 아주 많이 복잡하고 규정할 수 없는 목적이어서, 다양한 2차 목적을 매개로 하지 않고는 추구할 수 없고, 그 2차 목적에 관해서는 궁극적 기준이 서로 다른 개인들 간의 의견 일치가 있을 수도 있고 종종 있기도 하며, 2차 목적에 관하여 생각하는 사람들 사이에 도덕 형이상학의 커다란 질문들을 놓고 정반대의 차이가 있기보다는 훨씬 더 많은 경우에 실제로는 의견이 만장일치를 이룬다고 생각한다. 인간이 자기 자신의 본성에 관해 한 가지 견해를 갖는다기보다는 거의 한 가지 본성을 갖고 있기 때문에, 자신들의 첫째 원칙보다는 베이컨이 말하는 매개된 원칙(vera illa et media axiomata)에 더 쉽게 동의하게 된다. 그래서 사람들에게 매개된 목적을 살펴보도록 하기보다 궁극적 목적에 토대를 둔 행위의 의미를 더 명료하게 하고, 인간의 행복을 직접 언급함으로써 그 행위의 의미를 평가하려 하는 것은, 실제로 가장 큰 효과가 아니라 가장 쉽게 지적할 수 있고 각기 다르게 확인할 수 있는 효과에 대부분 의미를 두는 것으로 일반적으로 귀착된다. 공리성을 어떤 기준으로 채택하는 사람들은 2차 원칙을 통하지 않고는 그것을 실제로 적용할 수 없고, 공리성 원칙을 거부하는 사람들은 일반적으로 그 2차 원칙을 1차 원칙으로 승격시키는 꼴이 된다. 어떤 1차 원칙에 직접 호소하는 것이 필요한 경우는 둘 이상의 2차 원칙이 서로 충돌할 때이고, 이때 공리주의 논쟁의 실제 중요성이 나타나기 시작한다. 그런데 이것은 다른 면에서 보자면 실행의 문제라기보다 배치와 논리적 종속 관계의 문제이고, 체계의 통일성과 윤리철학의 일관성을 위해 주로 순수하게 과학적인 관점에서 중요하다. 하지만 우리가 공리성 원칙을 얻은 것은 벤담이 한 작업 덕분이고, 그가 자명한 것으로 받아들일 수 있고 자신의 다른 모든 원리를 논리적 결과로 연관 지을 수 있는 1차 원칙을 발견하는 것이 필요했다는 것은 그럴 법하다. 그만큼 그에게는 체계적 공리성이 자기 자신의 지성을 신뢰하는 데 없어서는 안 될 조건이었다.

언급해야 할 것이 좀 더 있다. 행복이 도덕성과 연관 지어야 할 목적인지 아닌지, 즉 행복이 어떤 종류의 목적과 연관 지어져야 하고 애매한 느낌이나 설명할 수 없는 내적 확신의 지배 아래 있어서는 안 되고, 감정뿐만 아니라 이성과 계산의 문제가 되어야 하는지는 바로 도덕철학 이념에 대한 필수적 질문이고, 사실상 도덕에 관해 있을 수 있는 의문을 제기하거나 토론하게 만드는 것이다. 행위의 도덕은 그 행위가 낳게 될 결과에 달려 있다는 것은 모든 학파의 합리적인 사람들의 원리이고, 그 결과의 선 또는 악이 쾌락이나 고통에 의해서만 측정된다는 것은 공리주의 학파 원리의 모든 것이고 이 학파에 특유한 것이다.

공리주의 원칙을 채택했기 때문에 행위의 도덕성을 결정하는 고려 사항으로서 행위의 결과에 관심을 집중했던 한에서, 이제까지 벤담은 반론의 여지 없이 올바른 길을 걸어왔다. 그러나 그가 헤매지 않고 그 길을 멀리까지 가기 위해서는 행위자 특유의 사고방식 위에서 이루어진 성격의 형성에 관한 지식, 그리고 행위의 결과에 관한 지식이 그가 가진 것보다도 더 많이 필요했다. 그가 이런 부류의 결과를 평가하는 능력이 부족했고, 이 주제와 관련하여 자기 자신에게는 만족할 만한 경험이 없어서 타인들의 경험의 덕을 보는 이가 마땅히 가져야 할 겸허한 존중의 마음이 부족했기 때문에, 실천 윤리상의 의문들에 관한 그의 추론의 가치를 높이 평가할 수 없다.

그에게는 지나쳐 버려서는 안 될 만한 오류의 책임이 또 한 가지 있다. 인간에게 공통된 감정에 그가 적대하게 만들고, 벤담주의자에게 일반적 관념의 특징을 이루는 차갑고 기계적이며 불친절한 느낌을 벤담 철학에 부여하는 것으로서 그것보다 더 큰 책임이 있는 것은 없기 때문이다. 이 오류, 더 정확히 말하자면 편파성은 공리주의자로서보다는 직업적 도덕주의자로서의 벤담의 오류인데, 종교적이건 철학적이건 간에 거의 모든 직업적 도덕주의자에게 공통된 오류다. 이것은 행위와 성격을 바라볼 때 가장 우선적이고 가장 중요한 방식인 도덕적 관점을 유일한 관점인 것처럼 다루는 오류다. 그런데 사실 이 관점은 인간에 대한 우리의 감정이 실질적으로 영향 받을 수 있고, 영향 받아야 마땅하고, 우리 자신의 본성을 완전히 파괴하지 않으면서 영향 받지 않으면 안 되는 세 가지 가운데 한 가지일 뿐이다. 모든 인간의 행위에는 세 가지 면, 즉 옳고 그름의 측면인 도덕의 측면, 아름다움의 측면인 미의 측면, 사랑스러움의 측면인 공감의 측면이 있다. 첫째 측면은 우리의 이성과 양심을 다루고, 둘째 측면은 우리의 상상력을, 셋째 측면은 우리 인간의 동류의 식을 말한다. 첫째 측면에 따라 우리는 찬성하거나 반대하고, 둘째 측면에 따라 존경하거나 경멸하고, 셋째 측면에 따라 사랑하고 동정하거나 싫어한다. 행위의 도덕성은 예견할 수 있는 그 결과에 달려 있고, 그 아름다움과 사랑스러움 또는 그 반대는 그것이 증명하는 자질에 달려 있다. 그래서 거짓말은 **나쁜** 것인데, 그 의도가 오해하게 하는 것이기 때문이고, 그것이 사람에 대한 사람의 신뢰를 파괴하는 경향이 있기 때문이다. 거짓말은 **비열**하기도 한데, 왜냐하면 그것은 비겁하거나, 즉 진실을 말하는 결과를 과감하게 마주하려 하지 않는 데서 나오거나, 기껏해야, 정력이나 이해 능력이 부족하지 않은 모든 사람이 충분히 가지고 있다고 생각되는 정직한 수단으로 목적을 이루는 **힘**이 부족하다는 증거이기 때문이다. 자기 아들들에게 사형을 언도한 브루투스의 행위는 **옳았는**데, 그곳에서는 범죄임이 틀림없는 행위를 저지른 사람들에 맞서 자기 나라의 자유에 없어서는 안 되는 법을 집행했기 때문이다. 즉 그의 행위는 **존경할 만**했는데, 보기 드문 정도의 애국심과 용기와 자제력을 분명히 보여 주었기 때문이다. 그러나 그것에 **사랑스러운** 점은 없었고, 사랑스러운 자질과 관련된 것, 또는 그 자질이 부족하다고 추정할 만한 것을 보여 주지는 않는다. 만일 두 아들 중 하나가 자기 형제에 대한 애착 때문에 그 음모에 가담했다면, 그의 행위는 도덕적이거나 존경할 만하지는 않더라도 사랑스럽기는 했을 것이다. 어떤 궤변이라도 어떤 행위를 보는 이 세 가지 방식을 뒤섞을 수는 없다. 그러나 이 세 가지 중 하나에만 집착하고 나머지는 보지 못하는 일은 얼마든지 가능하다. 감상성은 세 가지 중 둘째와 셋째 측면을 첫째 측면 위에 두는 것이다. 대부분 도덕주의자와 벤담의 오류는 둘째와 셋째 측면을 완전히 무시하는 것이다. 이것은 벤담의 경우에 아주 두드러지게 나타난다. 그는, 마치 도덕 기준이 최상일 뿐만 아니라 유일한 기준이어야 하는 것처럼, 우리의 모든 행위, 그리고 심지어 모든 감정의 유일한 주인이어야 하는 것처럼, 그리고 이로움이나 해악을 끼치지 않거나, 즐거워진 감정에 균형을 맞추는 이로움이나 해악을 끼치지 않는 어떤 행위에 대해서도, 어떤 사람을 존경하거나 좋아하거나 경멸하거나 싫어하는 것이 불의이고 편견인 것처럼 썼고 생각했다. 그는 이 입장을 아주 먼 데까지 끌고 갔기 때문에, 그가 이 근거 없는 호감과 혐오감이라고 생각한 것을 표현하면서 자기 앞에서 차마 듣고 싶어 하지 않은 문구들이 있었다. 이 문구들 가운데 **좋은 취향**과 **나쁜 취향**이라

는 문구가 있다. 그는 이 문구가 어떤 사람이 문제의 취향을
가진 다른 사람을 칭찬하거나 비난하는 교조주의를 나타내
는 무례한 문구라고 생각했다. 이것은, 그 자체로는 중립적
인 사물에 대한 사람들의 호감과 비호감에 그 사물이 지닌
성격의 모든 점에 관한 가장 중요한 추론이 충분치 않고, 어
떤 사람의 취향이 그가 지혜롭거나 멍청하다는 것, 교양 있
거나 무지하다는 것, 부드럽거나 거칠다는 것, 민감하거나
무신경하다는 것, 후하거나 인색하다는 것, 인정 많거나 이
기적이라는 것, 양심적이거나 타락했다는 것을 보여 주지
않는다는 것과 마찬가지다.

　이 주제와 연관된 것이 시에 관한 벤담의 독특한 견해
다. 상상력과 미술의 쾌락에 대한 그의 멸시에 관해서는 근
거 있게 이야기된 것보다 근거 없이 이야기된 것이 훨씬 많
다. 음악은 그가 일생을 통해 매우 좋아하는 오락이었고, 그
가 그림과 조각과 눈에 호소하는 그 밖의 미술을 전혀 경멸
하지 않았기 때문에, 그는 이따금 그것을 중요한 사회적 목
적에 사용할 만한 수단으로 인정한다. 인간의 성격을 형성
하는 더 깊은 원천에 대한 무지 때문에 (그 무지 때문에 대부
분 영국인이 그렇듯이) 그 원천의 요소들이 인간의 도덕적 본
성 속으로, 그리고 개인과 종족 모두의 교육 속으로 얼마나

깊이 들어가는지 생각해 보지 못했지만 말이다. 그러나 언어를 사용하는 더 좁은 의미의 시에는 호감을 품지 않았다. 그가 생각하기에, 정밀한 논리적 진실 이외의 것을 전달하는 데 사용되면, 말은 자기 자리에서 벗어나 악용되었다. 그는 자신의 저작 어디에선가 "쾌락의 양이 같다면 누름 못도 시만큼 좋은 것이다"라고 말한다. 그러나 이것은 그가 가장 가치를 두고 존중한 사물들에 관해서도 똑같이 말했을 것을 진술하는 역설적 방법일 뿐이다. 이 주제에 관한 그의 관점의 특징을 훨씬 더 잘 보여 주는 그의 또 다른 경구가 있다. "모든 시는 그릇된 설명이다." 그가 생각하기에 시의 본질은 겉만 번지르르한 과장에, 즉 어떤 것을 아주 강조해서 보는 어떤 한 가지 관점을 선언하고, 모든 한계와 자질을 숨기는 데에 있었다. 이런 성격의 특징은 우리가 보기에는 칼라일이 아주 적절하게도 '편협한 인간의 완전함'이라고 부르는 것의 특이한 예로 보인다. 무한한 범위를 아우르는 인간이 존재한 적이 없었기 때문에 자신의 좁은 한계 안에서 행복해하고, 한 번에 한 가지 사물만을 잘 볼 수 있는 빈약한 인간 지성의 본질적 법칙에서 자신은 아주 완전히 해방되었기 때문에 그 불완전함을 모두 볼 수도 있고 그것을 엄숙히 금할 수 있다고 스스로 우쭐거리는 한 철학자가 여기 있다.

시에서만 명제가 참일 수 없고, 명제가 실제에 적용될 때 필요한 모든 한계와 자질을 본질적으로 가질 수 없다고, 벤담이 실제로 생각했을까? 우리는 벤담의 산문 명제들이 이 유토피아를 실현하는 것으로부터 얼마나 멀리 떨어져 있는지를 보았다. 또한 이 유토피아로 다가가기 위한 시도조차, 시뿐만 아니라 웅변술과 모든 종류의 대중적 글쓰기와 양립할 수 없을 것이다. 벤담의 설명은 아주 충분히 맞는 말이다. 사람들이 진실을 볼 뿐만 아니라 느끼게 하는 일을 떠맡는 모든 글쓰기는 한 번에 한 가지 점만을 가지고 그것을 강조하고, 그것을 알아듣게 하고, 그것이 읽는 이나 듣는 이의 마음속으로 파고들어 그것을 그 색깔로 온통 물들이게 하고자 한다. 만일 그러한 글쓰기가 그렇게 해서 강력히 주장하는 진실의 부분이 그 경우가 요구하는 진실이라면, 그렇게 하는 것이 정당화된다. 감정에 호소하는 모든 글쓰기에 과장하는 경향이 있는 것은 자연스러운 일이다. 그러나 벤담은, 다른 많은 일에서와 마찬가지로 이러한 글쓰기에서도 틀림없이 우리는 충분히 해낼 수 있을지 확신할 수 없을 만큼 너무 많은 것을 목표로 삼는다는 것을 기억해야 했다.

위와 같은 벤담의 원칙에서 복잡하고 혼란스러운 문체가 나왔는데, 이로 인해 그의 후기작들은 일반 독자가 아니라 학생만을 위한 책이 되었다. 이것은 그가 끊임없이 비현실적 정밀성을 목표로 한 데 기인한 것이었다. 거의 모든 그의 초기작과 후기작의 많은 부분은, 우리가 보았듯이, 가볍고 재미나고 대중적인 문체의 본보기다. 이때 벤담의 글은 애디슨[23]과 골드스미스[24]를 연상케 하는 구절들로 이루어져 있었다. 그러나 나이가 들고 더 많은 공부를 한 뒤에 그는 영어의 특질과 거리가 먼 라틴어나 독일어 문장 구조로 빠져들었다. 그는, 보통 사람들이 만족해하듯이 명료함과 독자의 편의를 위해 한 문장에서 사실에 조금 덧보탠 것을 말하고 그 다음 문장에서 그것을 고치는 것을 참을 수 없었다. 그는 자신이 쓰고자 한 모든 한정적 언사(qualifying remarks)를 바로 그 문장 자체 가운데에 있는 괄호처럼 끼워 넣는 것을 고집했다. 그런데 이렇게 해서 의미 파악이 아주 오랫동안 중단되고, 부차적 개념들에 주의를 집중하고 나서야 주요 개념이 제대로 파악되었기 때문에, 어느 정도 연습을 하지 않고는 사고의 맥락을 이해하기가 어려워졌다. 그의 저작 중

---

23 애디슨(Joseph Addison, 1672-1719): 영국의 평론가·시인. -역주

24 골드스미스(Oliver Goldsmith, 1730?-74): 아일랜드 태생의 영국 시인·극작가·소설가. -역주

가장 중요한 부분의 아주 많은 내용에 이러한 결함이 없다는 것이 다행스럽다. 우리는 그것이 벤담이 시에 반대하는 **귀류법**(歸謬法, reductio ad absurdum)[25]이라고 본다. 그 반대가 거짓말이 되어서는 안 되는 방식으로 글을 쓰려다 보니, 그는 완전히 읽을 만하지 않은 곳에서는 멈출 수가 없었고, 그래서 결국 어떤 시인이나 감상주의자의 발언에도 있을 법한 불완전하고 편파적인 견해와 맞바꿀 만한 것 이상의 정확성을 얻지 못했다. 만일 그의 반대가 받아들여져서 그의 시험을 견디지 못할 모든 문체가 제거된다면, 그때 문학과 철학이 어떤 상태에 놓이게 되고 문학과 철학이 일반 대중에게 영향을 미치기 위해 어떤 기회를 갖게 될지 판단해 보라.

우리는 여기서 벤담과 그의 원리에 관한 이 간략하고도 불완전한 검토를 끝맺어야 한다. 이 검토에서는 지금 다루는 주제의 많은 부분이 전혀 다루어지지 않았고 어떤 부분도 공정하게 다루어지지 않았지만, 이 검토는 적어도 그의

---

25 귀류법(歸謬法, reductio ad absurdum): reduction to absurdity. 어떤 명제가 참임을 직접 증명하는 대신, 그 부정명제가 참이라고 가정하여 그것의 불합리성을 증명함으로써 원래의 명제가 참인 것을 보여 주는 간접증명법. -역주

글을 아주 잘 아는 데 토대를 두었고, 철학자로서의 그의 성격과 그가 세상에 베푼 노고의 결과를 공명정대하게 평가하고자 한 거의 첫 번째 시도다.

앞서 지적한 모든 감점 요소에도 불구하고, 그리고 우리가 감점을 되도록 삼갔는지 여부는 이미 본 그대로인데, 벤담에게는 인류의 위대한 지적 은인들 가운데 여전히 한자리가 논란의 여지가 없이 주어진다. 그의 글들은 가장 높은 등급의 현실적 사상가들을 가르치는 데 오래도록 없어서는 안 될 일부분이 될 것이다. 또한 그 글들을 모아 놓은 전집은 그의 시대를 이해하거나 그 시대의 위대한 사업에 어떤 식으로건 기여하기 위해 참여하고자 하는 모든 이의 손에 쥐어져야 한다.[26]

---

26 이 글이 처음 발표된 이후에 벤담에 관한 묘사가 포함된 브로엄 경의 멋진 인물론 저서가 출간되었다. 벤담의 특징에 관한 브로엄 경의 검토는, 쓰여 있는 내용만 봐서는 우리의 더 상세한 검토 결과와 주요한 점에서 일치한다. 그러나 벤담이 사생활에서는 질투심 많고 화를 잘 내는 성미였다고 비방하는데, 이에 대해 우리는 반박과 설명을 동시에 할 필요를 느낀다. 추상적 추론 이외의 모든 면에서 그는 우리가 이름 붙인 것처럼 죽을 때까지 그 본질이 소년이었다는 사실을 명심하는 것이, 그가 세계를 대하는 모든 방식을 정확하게 평가하는 데 꼭 필요하다. 그는 신선함, 단순성, 남을 믿고 비밀을 털어놓는 성격, 활기와 활동성처럼 소년 시절의 모든 유쾌한 특징, 그리고 사소한 일에 지나치게 의미를 두고, 현실에서 몸가짐과 사물의 가치에 관해 잘못 아는 일이 늘 있고, 걸핏하면 부적절한 이유로 유쾌해

지거나 기분이 상하곤 하는 등, 그 유쾌한 특징과 정반대의 약점을 지니고
있었다. 이러한 점들은 벤담이 사람들에게, 특히 법 개혁이라는 문제에서
브로엄 경에게 가한 일부 공격 가운데 온당하지 않았던 것의 실제 특질이
었다. 이런 점들이 질투나 악의 또는 실제로 불친절한 성격의 결과가 아니
라는 것은 심통 난 아이의 장난이 그렇지 않은 것과 마찬가지다. 그러니 비
난이나 비판에 적합한 문제가 아니다.

옮긴이 해제

벤담과 밀,
민주주의와 행복을 논하다

1. 벤담과 밀의 공리주의와 수능 사회탐구 영역의 '생활과 윤리'

이 책의 두 저자인 제러미 벤담과 존 스튜어트 밀을 깊이 연구해 본 일도 없거니와 철학 전공자도 아닌 옮긴이가 공리주의를 대표하는 이 두 사상가의 저작에 관해 논하는 것이 분수를 모르는 일인지도 모르겠다. 그러나 문외한인 옮긴이를 고무하는 아주 중요한 사실도 없지 않은데, 대학 수학능력시험 사회탐구 영역의 '생활과 윤리' 과목이나 고졸 검정고시의 도덕 과목에서도 주요 출제 대상이 될 만큼, 벤담과 밀의 공리주의가 우리에게 '친숙한' 사상이라는 점이 그것이다. 학생들이 실제로 공부하고 있는 관련 참고 자료를 인터넷에서 검색해 보면, 예컨대 '생활과 윤리'에서는 벤담의 공리주의를 양적 공리주의로, 밀의 공리주의를 질적 공리주의로 규정하고 설명할 만큼 그 정리가 매우 간명하다(고백을 하나 하자면, 이 해제의 제목을 애초에는 '벤담과 밀, 양적 공리주의에서 질적 공리주의로'로 삼았다가 위와 같이 고쳤는데, 현재 우리나라 고등학교 과정에서 이루어지는 공리주의 교육의 '수준'을 옮긴이가 미처 몰랐기 때문이다. 인터넷 검색을 해 보고는 화들짝 놀라, 더 그럴듯하고 조금이라도 더 독자의 '상상력'을 촉발할 만한 제목이 무엇일까 한참을 고심하다 생각해 낸 것이 이 해제의 제목이다. '생활과 윤리'를 포함해서 사회탐구 영역에만 아홉 과목이나 있다는 것을 알고 사실은 또 한 번 놀랐다).

벤담과 밀의 공리주의를 고등학교 교육과정에서 이렇게 쌈박하게 정리한 학생들에게 그것이 정작으로는 무슨 의미가 있을까? 입시 때문에 이렇게 '요점 정리'한 벤담과 밀의 공리주의가 학생들의 실제 사고방식과 '생활과 윤리'에 무슨 영향을 미치고 어떤 변화를 낳을까? 철두철미 입시를 위한, 그것도 단순 암기를 위한 주입식 교육이 한국 교육의 본질이라는 사실을 옮긴이 역시 물론 잘 알고 있고 오래전에 그 교육을 너무도 충분히 몸소 겪었으면서도, 새삼 이런 의문이 생긴다. 벤담과 밀의 공리주의 사상의 핵심을 담고 있는 저작의 번역을 하면서 갖가지 생각의 자극을 받은 옮긴이에게는 지금, 단지 '최대 다수의 최대 행복', '양적 공리주의와 질적 공리주의'라는 유명한 용어로 전달되고 있는 이 사상이 우리 학생들에게 최소한의 지적 자극을 줄 수 있을지도 회의감이 든다.

요컨대, 입시 준비를 하면서 외운 공리주의라는 개념의 의미를 확인하고 실감해 보기 위해서라도 누구보다 우리 젊은이들이 벤담과 밀의 이 고전을 직접 읽어 보기를 간곡히 권한다. 또한 말할 필요도 없이 노소와 부류를 막론하고 이 책은 읽을 가치가 있는, 고전이라는 이름에 값하는 책임을 옮긴이가 먼저 직접 확인했다. 모든 고전이 그런 것처럼 이 책 역시 직접 읽고 음미해 보아야 그 진가를 제대로 알 수 있고, 그러면 그 자체가 분명히 독자의 자아 성장의 진정한 자양분이 될 수 있다. 특히 지금 옮긴이가 소개하는 이 책은 벤담과 밀의 공리주의 사상의 핵심과 연관성을 효과적으로 이해하는 데 아주 적합하다. 이 책의 세부 내용을 살펴보기 전에, 먼저 그 이유를 간단히 설명하려고 한다.

우선, 벤담과 밀은 벤담과 (존 스튜어트 밀의 아버지인) 제임스 밀 간의 사상적 동지 관계를 매개로 아주 특별한 사제의 인연을 맺은 사이다. 이런 두 사람의 저작을 한 책 안에서 함께 읽어 볼 수 있다는 것만으로도 이 번역서는 특별한 이

점이 있다. 둘째, 이 책에 실은 벤담의 글은 원저인 『도덕과 입법의 원칙 서론(An Introduction to the Principles of Morals and Legislation)』의 전체 17장 가운데 1장에서 5장까지를 옮긴 것인데, 이 내용은 원저의 앞부분이면서 핵심이기도 하다. 물론 이 원저의 완역본도 있고 완역본을 읽는 것도 당연히 필요하고 좋은 일이지만[1], 6장 이후 내용은 5장까지의 핵심 원칙을 부연하거나 특히 그 원칙에 입각한 형벌 정책과 세목을 장황하게 열거하는 것이 주를 이루어 지루함을 느끼는 것이 보통이기 때문에, 원저 전체를 읽어야 한다는 중압감을 피하면서도 벤담 '공리주의'의 핵심을 효과적으로 이해하는 데 이 책은 아주 '공리성'이 크다. 셋째, 이 책에 실은 밀의 글은 처음 번역해서 소개하는 것인데, 옮긴이의 생각으로는 기존에 번역되어 있고 밀의 공리주의 사상을 대표하는 저서로 알려져 있는 『공리주의(Utilitarianism)』보다도,

---

1 옮긴이는 이 완역본 덕분에 번역의 수고를 아주 많이 덜 수 있었다. 이 자리를 빌려 선행 번역서의 옮긴이들에게 진심으로 감사와 존경의 말씀을 드린다.

제러미 벤담, 『도덕과 입법의 원리 서설』, 고정식 옮김, 나남, 2011.

_____, 『도덕과 입법의 원칙에 대한 서설』, 강준호 옮김, 아카넷, 2013. 옮긴이는 이 두 번역서를 충분히 참고하여 이 책을 번역했고, 오역으로 생각되는 몇몇 부분은 바로잡았으며 원문을 되도록 이해하기 쉽고 더 자연스러운 우리말 문장으로 옮기려고 노력했다.

밀 자신의 공리주의 사상 자체는 물론 벤담의 공리주의 사상과 그것을 낳은 '인간 벤담'을 함께 논하고 있는 이 글이 오히려 더 높은 사고의 밀도와 재미를 지니고 있다.

2. 가깝고도 먼 벤담과 밀의 특별한 사제 인연

벤담과 밀의 공리주의 사상의 공통점과 대립성의 배경을 이해하기 위해서는 두 사람이 실제 삶에서 어떤 관계를 맺었는지 알아야 한다. 사실은 이 두 사람의 관계뿐만 아니라 밀의 아버지인 제임스 밀과 벤담의 관계, 그리고 밀의 사상 형성에 결정적이라 할 만한 영향을 끼친 운명의 여성 해리엇 테일러와 밀의 만남 등을 모두 살펴보아야 한다.

1748년에 영국 런던에서 부유한 법조계 집안의 아들로 태어나 1832년에 생을 마감한 제러미 벤담은, 요즘 흔히 하는 말로 금수저를 물고 태어난 덕에 웨스트민스터 스쿨과 옥스퍼드 대학에서 정통 엘리트 교육의 혜택을 누렸으나, 법관이 되기를 바란 아버지의 기대와는 달리 법률과 정치제도의 개혁을 연구하고 그 연구 성과를 국가의 실제 정책에 반영하는 작업을 자신의 평생 업으로 삼을 만큼 강한 독립심, 일관된 소신과 추진력도 지닌 인물이었던 것 같다.[2] 그는 그 평생의 연구 결실로서 『정부에 관한 단상(A Fragment on Government)』(1776), 『이자 옹호론(Defence of Usury)』(1787), 『도덕과 입법의 원칙 서론』(1789), 『파놉티콘(Panopticon)』(1791), 『의회 개혁에 관한 문답집(Catechism of Parliamentary Reform)』(1817), 『법제화와 공적 훈령에 관한 논고(Papers upon Codification and Public Instruction)』(1817), 『근본적 개혁 법안(Radical Reform Bill-with Explanations)』(1819), 『헌법의 주요 원칙(Leading Principles of a Constitutional Code)』(1819), 『법적 증거의 근거(Rationale of Judicial Evidence)』(1827) 등등, 법률 및 제도 개혁과 관련된 수많은 저작을 남겼다. 이 저작의 목록만 보아도 그가 일관되게 관심을 두고 연구하고 활동한 대상이 무엇이었는지 쉽게 알 수 있다.

제러미 벤담과 존 스튜어트 밀의 인연은 존의 아버지 제

---

2 이하 벤담과 밀의 전기와 관련된 내용은 위 두 번역서의 '옮긴이 해제'와 다음 책들, 그리고 그 옮긴이 해제를 참조했다.
존 스튜어트 밀, 『존 스튜어트 밀 자서전』, 배영원 옮김, 범우사, 1983.
_____, 『여성의 종속』, 서병훈 옮김, 책세상, 2006.
_____, 『공리주의』, 서병훈 옮김, 책세상, 2007.
_____, 『존 스튜어트 밀 자서전』, 최명관 옮김, 창, 2010.
_____, 『자유론』, 서병훈 옮김, 책세상, 2012.

임스 밀과 벤담이 만난 1808년, 그러니까 벤담의 나이가 꼭
환갑이 되던 해에 시작되었다. 1806년생인 존 스튜어트 밀
이 (한국 나이로) 세 살 되던 해였다(이하에서 언급하는 나이는
모두 한국식 나이인데, 한국식 나이가 우리의 실감에 도움이 될 것
같기 때문이다). 그는 벤담에게 자신의 부친이 어떤 인물이었
는지를 한마디로 이렇게 말한다. "아버지야말로 어느 정도
유명한 영국 사람으로서 최초로 윤리와 정치와 법률에 관
한 벤담의 일반적인 견해를 철저히 이해하고 대체로 이를
채택한 사람이었다."[3] 공리주의 사상과 그에 기반을 둔 사회
개혁에 힘을 합치게 된 제러미 벤담과 제임스 밀이 동지 관
계를 넘어서 사적 친분도 얼마나 깊은 사이였는지는, 존 스
튜어트 밀의 유년기인 1814년에서 1817년까지 그의 가족이
1년의 반을 벤담의 거처(데번셔의 포드 수도원)에서 함께 기거
했고, 1820년에는 그가 제러미 벤담의 동생인 새뮤얼 벤담
의 초대로 프랑스에 있는 새뮤얼 벤담의 집에 가서 1년간 머
물렀다는 사실만 보아도 잘 알 수 있다. 또한 벤담은 제임스
밀이 아들을 학교에 일절 보내지 않고 가정에서 직접 교육
하는 방법과 내용에 큰 흥미를 느꼈다고 한다. 아들 밀은 아

3 존 스튜어트 밀, 『존 스튜어트 밀 자서전』, 최명관 옮김, 창, 2010, 65쪽.

버지로부터 네 살 때에 그리스어(와 산수)를 배우면서『이솝 우화집』을 읽은 것을 시작으로 온갖 그리스어 고전을, 그리 고 아홉 살 때 라틴어를 습득한 이후로는 방대한 라틴어 고 전을 배웠다(그는 자서전에서 이 고전들뿐만 아니라 자신이 읽은 국내외 작가와 저자들의 다방면의 고전과 문학작품, 그리고 이를 포 함하여 아버지로부터 자신이 배운 '교양' 과목의 종류를, 그의 뿌듯 한 자부심을 생생히 느끼게 할 만큼 몇 쪽에 걸쳐서 아주 자세히 나 열하는데, 일일이 나열하기 힘들 만큼 그 목록이 대단하다). 벤담은 밀이 아버지부터 받은 이 범상치 않은 '홈스쿨링'의 수준을 잘 알았고 밀에 대한 신뢰와 애정이 깊었기 때문에 자신의 말년 역작인『법적 증거의 근거』(전 5권)의 교정을 밀에게 맡 기고 이 책의 편찬자로 존 스튜어트 밀이라는 이름을 올리 기도 했다.

한편 밀의 평생을 통틀어 사상 면에서나 실제 삶의 면에 서나 아버지나 벤담 못지않게, 아니 사실은 그 이상으로 그 에게 크고 깊은 영향을 끼친 인물이 있었으니, 그 사람이 바 로 밀의 운명의 여인 해리엇 테일러다. 아주 남다른 가정교 육을 통해 성장해 오던 밀은 만 스무 살 무렵에 자기 자신 에 관한 깊은 허무감에 빠지게 되는데, 자신이 아주 어릴 적 부터 받은 교육을 통해 길러진 "분석적 습관은 감정을 약하게 한다"[4]는 것, "이로 말미암아 언제나 열정이나 미덕이 송두리째 없어지기 쉽다"[5]는 사실을 뒤늦게 깨달았던 것이다. "이렇게 된 인생이 도무지 살 보람이 없다는 데 대해서 나는 누구보다도 강한 확신을 품었다"[6]고 스무 살 시절의 자기 상태를 고백한다. 또한 "벤담의 학설에도 고려해야 할 것을 고려하지 않은 점이 많이 있는 것을 깨달았다."[7] 밀은 이런 허무감을 콜리지와 워즈워스의 시, 괴테의 글, 베버의 음악 같은 문학과 예술 작품에 심취하면서 극복했다. 해리엇 테일러를 만난 것은 이 정신적 방황을 끝낸 지 얼마 되지 않은 1830년, 그의 나이 25세 때였다. 테일러는 그보다 두 살 적은 23세였는데, 이미 결혼을 하고 두 아이를 둔 유부녀였다. 두 사람이 사랑의 감정을 느끼게 되는 1831년에 테일러는 셋째 아이인 헬렌을 낳았는데, 이 딸이 나중에 새아버지가 된 노후의 밀을 돌보았고 밀 역시 이 양녀에게 특별한 애정을 보였다. 1849년에 해리엇 테일러의 남편인 존 테일러가

---

4 위의 책, 147쪽.

5 위의 책, 148쪽.

6 같은 쪽.

7 위의 책, 166쪽.

병으로 죽자, 그 2년 뒤인 1851년에 두 사람은 정식으로 결혼했다. 밀의 나이 46세 때였다. 밀의 어머니를 비롯해 가족들은 이 결혼을 받아들이지 않았지만, 두 사람은 행복한 결혼 생활을 했다. 그러나 결혼 생활 7년 반 만인 1858년, 두 사람이 남부 프랑스로 여행을 가던 중 아비뇽에서 테일러가 갑자기 병사했다. 밀은 그녀가 묻혀 있는 곳 근처에 오두막 집을 짓고 딸 헬렌과 함께 1년을 살았고, 죽은 뒤에는 부인 곁에 묻혔다. 밀에게 그녀가 어떤 존재였는지는, 그녀와의 관계를 빼놓고는 『여성의 종속(The Subjection of Women)』(1869)을 비롯한 그의 저서 곳곳에 담겨 있는 남녀평등 사상을 이해할 수 없다는 것, 그리고 그의 대표 저서인 『자유론(On Liberty)』(1859)의 "대부분이 그녀의 업적"[8]이고 "다른 어느 책보다도 더 직접적으로 또 문자 그대로 우리 둘의 합작"[9]이며, "그녀를 기억함은 나에게 하나의 종교요, 그녀가 옳다고 여긴 것은 가치 있는 모든 것의 총화요, 또 내가 내 생활을 규모 있게 해 나가려고 애쓰는 표준이다"[10]라는 그의 고백

---

8 위의 책, 252쪽.

9 위의 책, 253쪽.

10 위의 책, 252쪽.

만으로도 충분히 미루어 짐작할 수 있다. 두 사람의 관계는 이를테면 프레데리크 쇼팽과 조르주 상드의 관계 이상이다. 밀의 사상을 이해하는 데에는 그와 해리엇 테일러의 이러한 관계를 항상 염두에 두는 것이 관건이다.

3. 벤담의 공리주의: 누구나 누리고 수치로 확인할 수 있는 쾌락의 추구

제러미 벤담의 『공리주의』의 본래 제목은 '도덕과 입법의 원칙 서론'이다. 다시 말해서 공리주의 또는 공리성을 도덕과 입법의 원칙으로 내세우면서 그 근거를 논하는 책이다. 잘 알려져 있는 바와 같이 공리주의의 핵심은 '최대 다수의 최대 행복' 원칙이다. 도덕이건 법률이건 이 원칙을 기본으로 해야 한다는 것이 공리주의 사상이다. 벤담이 이 공리주의 사상을 대표하는 것은, 그가 최초의 공리주의 사상가여서가 아니라[11] 이 원칙을 일관되게 고수하면서 비로소 그것

---

11 「벤담론」에서 밀은 "철학이 있었던 모든 시대에, 즉 에피쿠로스 시대뿐만 아니라 그 이전 시대에도 여러 학파 중 하나는 공리주의 학파였다"고까지 말한다.

을 실제로 관철하는 방법의 체계를 세우고 세목을 작성했기 때문이다. 원문의 각주 1번에서 자세히 설명하듯이, 공리주의의 실제 핵심은 행복과 쾌락의 양을 최대한 증가시키는 것이다. 그런데 "어떤 종류의 쾌락이 다른 것보다 더 바람직하고 가치 있다는 사실을 인정한다고 해서 공리주의 원리와 어긋나는 것은 결코 아니다. 다른 것을 평가할 때는 양뿐만 아니라 질도 고려하면서, 쾌락에 대해 평가할 때는 오직 양만 따져 보아야 한다고 말한다면 전혀 설득력이 없다"[12]는 존 스튜어트 밀의 말은, 자신의 스승인 제러미 벤담의 공리주의 사상에 대한 비판이라 볼 수 있다. 벤담의 공리주의를 '양적 공리주의'로 비판한 것은 다른 누구도 아닌 그의 애제자 밀이 가장 앞장선 셈이고, 이것은 타당한 비판이다.

그러나 벤담의 공리주의에 대한 밀의 전체적 평가를 통해서도 알 수 있는 바처럼, 벤담의 공리주의에는 이렇게 명백한 결함이 있음에도 아주 분명한 장점이 있다. 옮긴이는 벤담의 글에 나타난 그의 생각과 논리를 보면서 무엇보다도 '어쩌면 이렇게 단순하고 순진하고 솔직하면서도 실용적 사고방식을 지닌 사람이 있을까?'라는 생각이 자연스럽게 들

---

12 존 스튜어트 밀, 『공리주의』, 서병훈 옮김, 책세상, 2007, 26-27쪽.

었다. 그 가장 좋은 예로, 이 책에 실린 벤담 글의 가장 마지막 부분이기도 한 '5장 쾌락과 고통의 종류'의 마지막 주석을 보자.

눈과 귀가 받아들이는 쾌락은 일반적으로 매우 복합적이다. 예컨대 시골 풍경을 보는 쾌락은 보통 무엇보다도 다음과 같은 쾌락으로 구성된다.

(1) 감각의 쾌락

① 기분 좋은 색깔과 모양, 푸른 들판, 살랑거리는 나뭇잎, 반짝이는 물, 기타 등등을 지각함으로써 자극되는 시각의 단순한 쾌락.

② 새들이 지저귀는 소리, 시냇물이 졸졸 흐르는 소리, 나무들 사이로 바람이 스치는 소리를 지각함으로써 자극되는 청각의 단순한 쾌락.

③ 꽃이나 갓 베어 낸 풀, 또는 그 밖의 막 발효되기 시작한 식물성 물질의 향기를 지각함으로써 자극되는 후각의 쾌락.

④ 피가 활발하게 돌고, 도시에서 들이마시는 공기와 흔히 비교되는 시골 공기처럼 맑은 공기를 폐에서 호흡할 때

생기는 기분 좋은 내적 감각.

(2) 연상에 의해 생기는 상상의 쾌락

① 눈에 보이는 대상을 소유하는 데서 나오는 풍요의 관념과 그 관념에서 생기는 행복의 관념.

② 새·양·소·개 등등 온순하거나 집에서 기르는 동물에 의한 천진함과 행복의 관념.

③ 이 모든 피조물들이 향유한다고 생각되는 건강함의 지속적 흐름이라는 관념. 이 관념은 가상의 관찰자가 향유하는 건강함의 우연적 흐름에서 생겨나기 쉽다.

④ 이런 축복의 창조자로 우러러보는 전능하고 자비로운 절대자(Being)를 명상함으로써 자극되는 감사의 관념.

이 마지막 네 가지 모두는 적어도 어느 정도는 공감의 쾌락이다.

어떤 사람에게서 이런 종류의 쾌락을 빼앗는 것은 그를 감옥에 가둠으로써 생기기 쉬운 해악 중 하나다. 불법적 폭력에 의한 것이든 법이 정한 처벌에 의한 것이든 그렇다는 것이다.

이런 식의 쾌락의 분류가 얼마나 타당한지보다는, 벤담이 왜 이런 시도를 한 것인지 그 자체의 의도와 배경을 충분히 이해하는 것이 중요하다. "본능은 아무리 꼼짝 못 하게 해도 교육으로 결코 죽일 수 없다"는 벤담의 언명에 나타나듯이, 우선 이것은 현세의 쾌락과 행복을 짐짓 무시하는 금욕주의의 위선을 비판하는 벤담의 사상을 표현한 것으로 볼 수 있다. 그러나 이보다 더 중요한 의도는 다른 곳에 있는 것 같다. 매우 상징적이게도, 벤담은 이 저서의 초판을 프랑스혁명이 일어난 해인 1789년에 출간했는데, 그 후 20여 년이 지나 2판을 내면서 큰 비중을 두고 길게 덧붙인 주석이 있다. 주석 4번을 보자. 다른 어느 대목보다도 이 주석에 벤담 공리주의 사상의 핵심 문제의식이 담겨 있다.

1776년에, 공리성의 원칙을 모든 것을 포괄하고 모든 것을 지배하는 특징을 지닌 원칙으로 본 『정부에 관한 단상』을 출간한 지 얼마 되지 않아, 위와 같은 취지의 논평을 한 사람이 있었다. 그는 **알렉산더 웨더번**이라는 이로, 당시에 법무 장관인가 법무 차관이었고, 나중에는 러프버러 경과 로슬린 백작이라는 상속 작위를 받고 민사 법원 수석 재판관(Chief Justice of Common Pleas)과 대법관(Chancellor of England)을 차례로 지낸 인물이다. (……) 그런데 그에 의해, 혜택 받는 소수의 최대 행복이 있건 없건 간에, 지배하는 **한 개인**의 최대 행복이 어떤 경우에도 정부 정책 방향의 유일한 목적이라는 것이 이제 아주 명백하게 보인다. **공리성의 원칙**은 당시에 채택된 하나의 명칭이었는데, 앞서 보았듯이 더욱 명료하고도 유익하게 **최대 행복의 원칙**이라는 이름으로 나타낼 수도 있었지만, 다른 사람들이 그랬던 것처럼 내가 채택한 말이었다. 그런데 웨더번은 "이 원칙은 위험한 원칙이다"라고 말했다. 이렇게 말함으로써 그는 어느 정도 엄밀한 진실을 말했다. 최대 다수의 최대 행복이 정부의 유일하게 **옳고** 타당한 목적이라고 단언하는 원칙, 이런 원칙이 어찌 위험한 원칙이 아니라 말할 수 있겠는가? 이 원칙은 의문의 여지없이, 상대적으로 소수인 다른 일부 사람들을 덧보태건 않건 간에, 어떤 **한 개인**의 최대 행복을 실제 목적 또는 목표로 삼는 모든 정부에 위험한 것이다. 그 한 개인에게는, 상대적으로 소수인 다른 사람 각자가 아주 많은 하위 동업자들을 발판 삼아 이익에 한몫 끼도록 허용하는 것이 쾌락 또는 타협의 문제다. 따라서 공리성의 원칙은 웨더번 자신을 포함한 모든 공무원들의 이익에, 그 사악한 이익에 참으로 **위험한** 것이었다. 왜냐하면 그들이 얻는 이익이란, 비용에서 뽑아낼 수 있는 이익을 챙기기 위해 사법절차나 그 밖의 절차를 최대한 지연시키고, 성가시게 만들고, 비용을 많이 들게 해서 얻는 것이기 때문이었다. 최대 다수의 최대 행복을 목적으로 삼는 정부에서도 알렉산더 웨더번이 법무 장관이 되고, 그러고 나서 대법관이 되었을지도 모른다. 그러나 연봉 1만 3천 파운드를 받는 법무 장관이 되지는 못했을 것이고, 모든 재판에 거부권을 행사할 수 있는 귀족 작위와 연봉 2만 5천 파운드를 받으면서 유급 성직 및 기타 명목으로 한직 500개를 마음대로 이용할 수 있는 대법관은 되지 못했을 것이다. (강조는 원문 그대로임.)

고위 공직자들의 이기심과 이기적 작태에 대한 격렬한 분노와 비판, 이것이 바로 벤담의 '최대 다수의 최대 행복' 사상의 본질 가운데 중요한 한 면이었다. 또한 그것은 바로 민주주의 정치사상을 벤담식으로 표현한 구호였다. 그가 1인 1표의 보통선거와 완전한 비밀선거의 도입을 주장하면서 국회의원 선거권 확대 운동에 열성적으로 뛰어든 활동가이기도 했다는 사실을 기억해야 한다. 현재는 보편화되어 있는 보통선거권이 당시에는 아주 혁명적인 것이었다. 당시로 보아서는 진보주의 진영으로 분류될 수 있었던 자유주의자들에게도, 오늘날에는 보편화되어 있는 민주주의와 보통선거권은 대개 두려움의 대상이었다. 산업화의 진전과 더불어 무산자 대중이 출현했는데, 이들에게 민주주의는 사유재산의 특권을 제한하기 위한 수단이 되었기 때문이다.

자유주의자들이 보통선거권을 두려워한 데에는 그럴 만한 정당한 이유가 있었다. 보통선거권은 분배 투쟁을 정치화하고, 시장을 왜곡하며, 비효율성을 부채질할 가능성이 높기 때문이었다. 많은 자유주의자들은 민주주의가 시장을 침탈하거나 파괴할 것이라고 생각하였다.[13]

뒤이어 살펴볼, 벤담의 공리주의를 검토하는 글에서 밀이 벤담을 '진보적 철학자'로 분명히 규정하면서, "정책 원칙과

---

13 G. 에스핑앤더슨,『복지 자본주의의 세 가지 세계』, 박시종 옮김, 성균관대학교출판부, 2007, 31쪽.
　당시에 '분배' 문제가 얼마나 심각했는지는, 본 번역서의 자매편인『존 스튜어트 밀의 사회주의론』에서 밀이 사유재산과 분배 문제에 관한 사회주의자들의 주장의 일부는 수용하면서 자신의 대응 논리를 적극적으로 펼치는 것만 보아도 잘 알 수 있다.

제도 두 가지 모두에서 영국 혁신의 아버지"이자 "당대의 위대한 체제 전복적, 또는 대륙 철학자들의 언어로 말하자면 위대한 비판적 사상가"로 평가한 것은, 위와 같은 사정을 감안할 때 별로 과장이 아니다. 이런 역사적 맥락을 보면서 벤담의 공리주의를 이해한다면 벤담의 '양적 공리주의'의 의의와 한계를 좀 더 온전하게 파악할 수 있을 것이다. 벤담의 '양적 공리주의'를 일방적으로 폄하하기만 하는 것이 부당한 이유가 또 있다. 양으로, 다시 말해 수치로 나타낼 수 있는 쾌락과 행복의 지표를 체계화하고자 한 벤담의 노력이 없었다면, UN 세계 행복 보고서의 '행복지수' 같은 계량화된 행복 지표가 오늘날처럼 보편화되지 못했을지도 모른다. 대중의 행복 추구를 위한 정책에서는 주관적 요소와 객관적 요소, 질적인 면과 양적인 면을 모두 고려해야 할 터인데, 벤담은 그중에서도 특히 객관적 요소와 양적인 면을 자기 나름대로 체계화함으로써 실제 정책을 통해 그것을 현실화하고자 한 것이라 할 수 있다. 심지어,『도덕과 입법의 원칙 서론』의 4분의 1에 해당하는 내용이 위법행위와 형벌의 분류에 관한 내용이고,『파놉티콘』이라는 저서를 내기 전에 그가 실제로 이 이름의 감옥을 설계해서 정부에 제안한 것도, 역설적이게도 사람들의 전체 행복을 증대하기 위한 것이었다.

195

모든 형벌은 그 자체로 악이다. 공리의 원칙에 의거하면, 만약 어쨌든 형벌이 허용되어야 한다면 오직 그것이 더 큰 악을 제거하리라고 보장하는 한에서만 허용되어야 한다.[14]

「벤담론」에서 젊은 밀은 스승과 스승의 사상에 관해 '균형 잡힌' 평가를 하고자 하고 또 그래야 마땅하다는 말을 여러 차례 하고 있으나 실제로는 매우 신랄한 비판으로 기울고 있다. 벤담을 고평하는 대목에서나 맹렬히 비판하는 대목에서나 밀은 설득력 있는 근거를 열정적으로 제시한다.

---

14 제러미 벤담, 『도덕과 입법의 원칙에 대한 서설』, 강준호 옮김, 아카넷, 2013, 331-332쪽.

위 책의 옮긴이는, 한국의 일반 독자들이 흔히 미셸 푸코의 『감시와 처벌』을 통해 '파놉티콘'이라는 용어를 접하는데, 푸코는 벤담의 파놉티콘 구상이 "법률 개혁을 위한 벤담의 포괄적 시도들 중 일부임을 제대로 설명하지" 않고 오히려 "'감시'니 '권력'이니 하는 말들로 어쩌면 벤담의 진정한 설계 의도에 대한 잘못된 인상을 심어 주는 것 같다"(위의 책, 617쪽)고 말한다. 매우 적절한 지적이라고 생각한다.

4. 밀의 벤담론: 민주주의의 수준과 행복의 차원에 관한 고민

존 스튜어트 밀의 공리주의 사상을 담은 책으로는 『공리주의』(1863)가 유명하고 이 책은 이미 번역, 소개되어 있지만, 우리가 지금 함께 읽고 살펴보는 「벤담론(Bentham)」(1838)은 한국 독자들에게 한글 번역으로 처음 소개되는 글이다. 이 두 저작은 밀의 인생에서 아주 대조적인 시기에 쓰였다는 점을 먼저 눈여겨보자. 『공리주의』는 사상가로서나 사적 개인으로서나 그리도 깊이 사랑한 아내 해리엇이 세상을 뜬 지 5년이 지났고 밀의 나이가 노년을 향해 가던 58세 때에 출간한 책[15]이고, 「벤담론」은 밀이 혈기왕성한 20대 청년 시절을 지나 사상으로나 인격으로나 성숙 단계가 높아가던 30대 초반의 젊은 시절, 그리고 해리엇 테일러와의 특별한 애정도 깊어 가던 때에 쓴 글이다. 인생 원숙기의 밀이 『공리주의』에서 자기만의 공리주의 사상을 펼쳐 보일 수 있었던 것은, 벤담 공리주의 사상의 공과를 그 누구의 눈치도

---

15 밀은 "미발표 원고의 무더기에서 결혼 생활의 마지막 여러 해에 쓴 논문들을 가려내고, 거기다 다른 것들을 좀 첨가해서 『공리주의』라는 조그마한 책을 만들었다"고 말한다.
존 스튜어트 밀, 『존 스튜어트 밀 자서전』, 최명관 옮김, 창, 2010, 265-266쪽.

보지 않고[16] 패기만만하게 논한 젊은 시절의 이 글에 그 원동력이 있다. 밀은 자서전에서 젊은 시절 자신이 쓴 이 글의 취지를 밝히면서 이 글의 성취에 대한 자부심을 내비치면서도 벤담을 신랄하게 비판한 데 대해 변명도 하는데, 밀의 이 설명이 이 글의 성격을 이해하는 데 매우 도움이 된다.

> 벤담의 철학에서 영구적인 가치를 지닌 것을 모두 인정하고 흡수하면서도 그의 철학보다 더 나은, 그리고 더 완전한 급진주의 철학이 있다는 것을 밝힐 것을 바랐다. 이 첫째 목적을 나는 어느 정도 이루었다.[17]

> 나는 벤담의 여러 공적을 충분히 인정하면서, 내가 그의 철학의 과오 및 결함이라고 생각한 것을 지적하였다. 나는 지금도 이 비판의 핵심이 전적으로 옳다고 생각한다. 그러나 나는 그 당시 그것을 세상에 발표한 것이 좋았는지, 그렇지 않았는지에 대해서 가끔 의심스럽게 여

---

16 밀은 스승 벤담이 별세한 지 6년이 지났고 자신에게 무엇보다 엄한 선생이었던 아버지 밀도 작고한 지 2년이 지난 때에 「벤담론」을 발표했다.

17 존 스튜어트 밀, 『존 스튜어트 밀 자서전』, 최명관 옮김, 창, 2010, 219쪽.

겼다. 나는 진보의 한 도구인 벤담의 철학이 그 일을 마치기 전에 어느 정도 혹평을 받았으므로, 그 성가(聲價)를 낮추는 데 한몫 끼는 것은 사회의 개선에 이바지하기보다는 오히려 해를 끼치는 것이라고 가끔 느꼈다. 하지만 반동의 반동이 벤담주의 속에 있는 좋은 것을 향하여 나아가고 있는 듯한 느낌을 주는 지금에 이르러서는 그 결함에 대한 이 비판에 비교적 만족스러운 느낌을 가지고 돌이켜볼 수 있다. 특히 벤담 철학의 근본 원리를 여러 차례 옹호함으로써 이 비판을 보충한 점에서 흐뭇한 만족을 느낀다. (……) 나는 벤담의 사상과 18세기의 사상 가운데서 도저히 지지할 수 없는 것에서 나 자신을 벗어나게 하려고 지나치게 애썼다.[18]

밀은 우선, 당대 영국의 보수주의를 대표하는 사상가로 콜리지를 꼽으면서 벤담을 그와 쌍벽을 이루는 진보주의 사상가로 규정한다. 밀이 보기에 특히 벤담은 "현존하는 정책 원칙 및 제도와 모순되는 사실들을 더욱 분명하게 알아차리도록 하기 위한" 가르침을 영국인들에게 주었다. 당대 영국

---

18 위의 책, 222-223쪽.

의 '실질적 악습', 즉 '법률의 악습 문제'가 "식자들에게 어떤 분명한 양심의 가책을 느끼게 하지도 않았을뿐더러, 그들이 책에서, 의회에서, 또는 판사석에서, 기회가 주어질 때마다 그러한 법이 지성의 완성이라고 주장하는 것을 막지도" 못할 때, 용감하고 집요하게 그 문제를 파고들어 근본 해결책을 내놓은 것이 벤담 특유의 큰 업적이라고 밀은 평가한다. 밀이 벤담을 고평하는 둘째 면은 벤담이 "위대한 철학자가 아니라 철학의 위대한 개혁자였다"는 데에 있다. 즉 "그가 한 일의 새로움과 가치를 만들어 낸 것은 그의 견해가 아니라 그의 방법"인데, 그것은 "세부 항목의 방법, 즉 전체를 부분으로 나누어 다루고, 추상적 개념을 사물로 변형시켜서, 다시 말해 분류되어 있고 일반화되어 있는 것을 그것이 구성되어 있는 개별적인 것들로 구분하고, 모든 질문에 해답을 내놓으려 하기 전에 그것을 세부 질문으로 쪼개어 다루는 방법"이고, 바로 이 방법을 통해 벤담이 당대 영국의 악습을 철저히 분석하고 그 해결책을 제안할 수 있었다는 것이다.

오류는 일반화 속에 숨어 있다는 말, 즉 인간의 마음은 어떤 복잡한 전체를 모두 조사해서 그 전체를 이루는

200

부분들의 목록을 만들어 내기 전까지는 그 전체를 받아 들일 만한 능력이 없다는 것, 추상화한 것은 **그 자체로는** 현실이 아니라 나타나는 사실들을 축약하는 방법이라는 것, 그리고 현실을 다루는 유일한 실질적 방법은 (경험으로건 의식으로건) 그 속에서 나타나는 사실들을 되짚어 보는 것이라는 말은 온당한 금언이며, 벤담 이전에는 누구도 그렇게 일관되게 적용하지 않은 금언이다. (강조는 원문 그대로임.)

'성급한 일반화'가 아닌 이렇게 치밀한 '세부 항목화'의 방법을 동원한 추론을 당대 법률문제에 적용하여 "법철학을 과학이 되게" 한 것이 벤담의 위대한 성취라고 밀은 평가한다. 그 결과 벤담은 첫째, "법철학에서 신비주의를 몰아냈고, 어떤 명확하고 정밀한 목적의 수단으로서 현실 관점에서 법을 보는 본보기를 정립"했으며, 둘째, "법 개념 전반, 법에 관련된 조직의 개념, 그리고 이 두 가지와 연관되어 있는 다양한 일반 개념들과 한 몸이 되어 있는 혼란과 애매함을 깨끗이 없앴고", 셋째, "**성문화**(codification), 즉 모든 법을 글로 쓰고 체계적으로 정리한 법전으로 전환할 필요성과 실행 가능성을 제시"했으며, "넷째, 민법이 해결하고자 하는 사회의 시급한 요청과 그 해결 방안의 타당성을 판단하는 기준이라 할 인간 본성의 원리에 관한 체계적 관점"을 제시했고, 다섯째, "법철학의 다른 어떤 부분보다도 더 형편없는 상태에 있었던, 사법기관 철학과 증거의 철학을 포함한 사법 절차의 철학을 새로 만들어 냈다."「벤담론」에서 밀이 벤담을 고평하는 것은 여기까지다. 결국 밀이 평가하는바 벤담의 득의의 성취는 옮긴이를 포함한 일반인으로서는 아주 친절한 설명을 들어야 겨우 그 실제 의미를 이해할 만한 '전문적' 법률 영역에 있었다.

그런데 그의 공리주의 철학은 우리가 알다시피 인간의 쾌락과 행복을 증대하고자 하는 것이 궁극의 목적이어서 그 탐구(와 개혁)의 대상이 전문적 법률뿐만 아니라 인간 자체가 되지 않을 수 없다. 여기서 문제가 생긴다. 밀이 보기에 "그의 방법은 (법률학이라는-옮긴이) 한 가지 종류의 포괄성은 보증하지만 (온전한 인간학에 기초한-옮긴이) 또 다른 종류의 (여러 방면의-옮긴이) 포괄성은 보증하지 못한다."「벤담론」의 나머지 내용은 벤담의 인간관에 내재한 문제의 본질과 원인에 관한 더없이 통렬한 비판인데, 그 속에 밀의 일관된 인간학이 담겨 있고, 이것에 근거하여 이후에 모든 방면의 그의 사상이 전개되며, 이것이 밀의 벤담 비판에서 더 중시

해야 할 점이다.

　인간 본성과 인간 생명은 광범위한 주제들이어서, 이 주제들에 관해 철저한 지식을 요구하는 작업에 착수하려고 하는 사람은 누구나, 자기 자신의 풍부한 이야기의 저장고를 지니고 있어야 할 뿐만 아니라 다른 사람들에게 들은 온갖 이야기의 저장고에서도 도움을 받고 그것을 활용해야 한다. 그 사람이 이 작업에 성공할 자격이 있는지 여부는 다음 두 가지, 즉 그의 본성과 환경이 그에게 인간 본성과 환경에 관한 정확하고도 완전한 모습을 보여 주는 정도, 그리고 다른 지성인들로부터 식견(light)을 얻어 내는 능력에 비례하여 결정된다.

　벤담은 다른 지성인들에게서 식견을 얻어 내지 못했다. 그의 글에는 그의 사상 이외에 다른 어떤 사상 학파에 관한 정확한 지식의 자취는 거의 없으나, 다른 학파들이 그에게 알 만한 가치가 있는 것을 가르칠 수는 없다고 그가 철저히 확신한 증거는 많다. (······)

　그러니 벤담이 다른 모든 사상가 학파를 경멸하고, 자기만의 사고방식과 자신과 비슷한 지성인들이 공급하는 자료들에 전적으로 의존하는 철학을 창조하겠다고 결심한 것은 철학자로서 그의 첫째 결격 요소였다. 그의 둘째 결격 요소는, 그의 사고방식이 인간 본성을 두루 대변하는 것으로서 불완전하다는 점이었다. 그는 인간 본성 가운데 가장 자연스럽고 가장 강력한 여러 느낌을 공감하지 못했다. 그는 인간 본성에 관한 여러 가지 깊은 경험을 할 기회를 전혀 갖지 못했다. 또한 한 사람이 자신과 구별되는 다른 사람을 이해하고 스스로를 그 다른 사람의 느낌 속으로 던져 넣는 능력은 그의 **상상력**(Imagination) 결핍으로 인해 그에게 주어지지 않았다. (……)

그래서 인간 본성에 관한 벤담의 지식은 이 한계에 갇혀 있다. 그것은 완전히 경험적인 것인데, 그 경험주의는 경험이 거의 없는 사람의 경험주의다. 그에게는 내면의 경험도 외적 경험도 없다. 삶의 과정도 평온하고 사고방식도 건전했기에 그는 두 가지 경험 모두 할 수 없었다. 풍요로움과 역경, 열정과 싫증을 몰랐다. 그는 병약함이 주는 경험조차 없었다. 그는 유년 시절부터 85세까지 소년의 건강을 지니고 살았다. 그는 낙담도 마음의 무거움도 몰랐다. 그는 삶을 괴롭고 고단한 짐으로 느껴 보지 못했다. 그는 죽을 때까지 소년이었다. (강조는 인용자가 함.)

만일 벤담이 이 비판을 접했다면 어땠을지 '상상'해 본다. 반대로, 밀은 벤담의 학식과 인품의 적나라한 모든 면을 볼 수 있을 만큼 어릴 적부터 20여 년 세월을 그와 아주 가깝게 지냈으니, 벤담에게 존경과 경멸이 뒤섞인 복잡한 감정을 품어 왔을 것이다. 특히 인간 본성을 제대로 깊이 이해하는 데 기반이 되는 '풍부한 이야기의 저장고', 다시 말해 인간사의 폭넓은 직접 경험[19], 그리고 그에 관한 간접 경험을 제공하는 '문학'의 소양을 결여하고 있고, 역사적·사회적으로 형성된 성 역할(gender)의 몰이해로 성별에 관해 심각한 편견을 지니고 있는[20] 벤담에게 진한 반감마저 느꼈을 것이다. 벤

---

[19] 밀은 책상물림 사상가가 결코 아니었다. 그는 홈스쿨링을 마친 18세 나이에, 동인도회사에 다니던 아버지의 주선으로 이 회사에 들어가 아버지의 부하 직원으로 일을 시작해서 53세가 될 때까지 35년 동안 직장생활을 했다. 그의 저작 대부분은 이렇게 직장생활을 하는 동안 틈틈이 시간을 내어 쓴 것이었다. 밀은 꽤나 운 좋은 직장생활을 한 것 같다.

"나 자신에 관해서 말하면, 일생을 통하여 직장에서 내가 할 일들은 이와 함께 내가 수행하고 있던 다른 정신적인 일에서 실상 휴식을 얻게 하는 것이었다. 그것들은 아무 재미없는 시시한 일이 되지 않을 만큼은 지적인 일이었고, 또 늘 추상적 사색을 하거나 곰곰이 생각해서 글을 쓰곤 하는 사람의 정신력에 지나친 부담을 주지는 않는 것이었다."
존 스튜어트 밀, 『존 스튜어트 밀 자서전』, 최명관 옮김, 창, 2010, 94쪽.

[20] 제러미 벤담, 『도덕과 입법의 원칙에 대한 서설』, 강준호 옮김, 아카넷, 2013, 144-146쪽의 '성별'에 관한 서술을 보라.

담 별세 후 여러 해가 지난 뒤, 벤담에 대한 밀의 평가는 결국 이 글에서 보듯이 단호한 비판에 무게중심을 놓는 쪽으로 정리되었다. 한마디로 말해서 벤담은 '정신의 완성'이라는 인간의 고차원 가치의 추구 본성을 보지도 못하고 인정하지도 않는다는 것이 그 핵심 이유다. 그래서 "벤담의 이론은, 일정한 정신 발달 상태에 도달했고 다른 경우라면 그 상태의 유지가 가능할 어떤 사회가 그 물질적 이익을 지킬 수 있는 규칙을 규정할 수 있게 해 줄" 수는 있지만, "사회의 정신적 이익을 위해서는 아무것도 하지 못할 것이다." 그러나 벤담의 이론은 물질적 이익을 얻게 해 주는 데에서도 큰 결함이 있으니, "어떤 물질적 이익도 얻을 수 있게 해 주는 유일한 것, 어떤 인간 집단도 사회로 존재할 수 있게 해 주는 유일한 것은 국민성(national character)"인데, 이렇게 중요한 '국민성'에 관한 이해가 그의 이론에는 결여되어 있기 때문이다. 그런데 이보다 훨씬 더 중요한 문제점은, 보통선거를 통해 탄생하는 다수파에게 절대 권력을 주고 그것을 여론으로 뒷받침까지 해 주고자 하는 벤담의 정치철학에 있다.

사회의 모든 힘이 단일한 방향으로 움직이는 곳은 어디에서나 개별 인간의 정당한 주장이 극단적 위험에 처한다. 다수파의 권력은, 개인 인격의 존중과 교양 있는 지성의 우월성에 대한 경의에 의해 그 행사가 진정되면서, 공격적으로가 아니라 방어적으로 사용되는 한에서 건전하다.

개성을 짓밟는 체재는 그 이름이 무엇이 됐든 최악의 독재 체제이고, 정치를 지배하는 여론의 전제(專制)는 중우정치(衆愚政治)를 낳을 위험성을 점점 더 증대시키기 때문에, 이런 추세에서일수록 더욱 더 개성(의 자유)을 보호해야 한다는 『자유론』 사상의 핵심이 이미 이 글에서 명확하게 나타나 있다. 여기서 다시 논점은 인간에 관한 온전한 이해라는 근본 문제로 돌아온다. 이 지점에 오면 이미 밀은 벤담에 관한 비판에 별 의미를 두지 않는다(이 글 마지막 대목에서 나오는 벤담이 "죽을 때까지 그 본질이 소년이었다"는 밀의 말이 압권이다). 밀은 스승의 그늘에서 완전히 벗어나 '개성'에 바탕을 둔 자신의 인간학에 기초하여 독립된 사상 체계를 세우는 작업에 이미 접어들어 있었다.

5. 벤담과 밀의 공리주의에서 보는 현대 민주주의의 의의와 난제

제러미 벤담과 존 스튜어트 밀, 58세의 나이 차이가 나는 이 두 사람의 사제 관계는 적어도 제자의 눈에는 스승이, 한 편으로는 일관된 공리주의 사상을 바탕으로 당대 영국의 법률과 정치의 '적폐'를 청산하고 제반 제도를 개혁하기 위해 평생을 헌신하면서 큰 가르침과 감동을 준 인물임과 동시에, 85세로 생을 마감할 때까지 인간의 내면과 정신세계를 폭넓고 깊이 있게 보지 못한 '철없는 만년 어린아이'로 비쳐졌다는 사실만으로도, 매우 기묘하고 별난 인연으로 보인다. 그러나 달리 보면, 두 사람의 이런 관계에는 두 사람이 살던 시대와 나라에서뿐만 아니라 오늘날 지구의 이곳저곳에서 살고 있는 뭇사람들이 겪고 있는 삶의 문제들의 본질이 숨어 있는지도 모른다.

공리주의를 공통분모로 하여 자신들의 사상을 정립하고 그 실현을 위해 활동한 벤담과 밀은 달리 말하자면 민주주의를 통한 대중의 행복을 궁극 목적으로 추구했다고 할 수 있다. 되도록 많은, 더 나아가 모든 사람의 수치화된 행복의 양을 어떻게 하면 최대화할 수 있을 것인지에 일관되게 생각을 집중한 사람이 벤담이다(그에 관한 비판은 밀이 부족함 없이 했으므로 더 이상은 필요 없을 것이다). 이때 가장 걸림돌은 '법률의 악습'이었고 그것을 자기 계급 이익의 토대로 삼은 것이 웨더번으로 상징되는, 법률제도를 장악하고 있는 (고위) 공직자들이었다. 사실 벤담은 웨더번같이 법률과 관계된 공직자들을 비판하면서 또 한 가지 역설적 진리를 보여준 셈인데, 밀이 벤담을 신랄하게 비판한바 인간 이해의 폭과 깊이의 문제는 다른 누구보다도 당대의 '웨더번들'이 지닌 심각한 문제라는 것, 결국은 그들의 비뚤어진 '특권과 차별의 인간관'이 그들 계급의 이기주의를 낳았다는 사실을 폭로한 점이 그것이다. 이것이 어찌 벤담 당대로 그친 문제이겠는가? 오히려 오늘날 한국의 상황에서야말로, 법을 다루고 집행하는 사람들은 인간에 관해 다른 누구보다도 폭넓고 깊이 있는 소양, 예의 '문학적 소양'을 갖춘 사람들이어야만 한다는 진리를 우리 모두 절감하고 있지 않은가?

밀의 사상에서는 개인과 사회의 중요성을 동시에 강조한다는 것이 일반적 평가인 것 같다. 즉 "밀의 자유주의는 개인만의 이익을 추구하는 편협한 개인주의가 아니라 공동선을 동시에 추구하는 고양된 개인주의를 추구한다고 볼 수 있는데『공리주의론』에서는 공동선이,『자유론』에서는 개인주의가 더욱 강조된 감이 있다"[21]는 것이다. 옮긴이가 보기에는, 밀이 인생 원숙기에 접어든 이후 발표한 위 두 저서보다 훨씬 이전에 쓴 「벤담론」은 '고양된 개인주의'와 '공동선'[22]에 관한 문제의식을 함께 담고 있다. 그렇지만 결국 밀의 대표 저서는 『공리주의』보다는 『자유론』이 아닐까. 어떤 경우에도 개인의 독립성과 독창성이 침해당해서는 안 된다는 것, 거꾸로 개인의 독립성과 독창성, 즉 (다른 사람에게 해를 끼치지 않는다는 조건 아래에서) 사상 및 출판의 자유를 포함한 개인의 자유를 보호하고 촉진하면서 전체의 행복을 추구하는 사회가 좋은 사회라는, 밀 사상의 핵심이 「벤담론」에 이미 분명히 나타나 있다. 그 바탕에는 대량생산과 대량소비, 그리고 대중 교육을 토대로 한[23] 현대 민주주의가

---

21 이근식, 『존 스튜어트 밀의 진보적 자유주의』, 도서출판 기파랑, 2006, 91쪽.

22 공리주의의 한자를 보통 '功利主義'로 쓰는데 (『표준국어대사전』도 이 한자를 쓴다.) 이것은 일본인들의 번역을 따른 것이고 그 본래의 '공공성'의 취지를 살리자면 '公利主義'가 적합한 한자어라는 의견에 옮긴이 역시 동의한다.
위의 책, 38쪽.

23 오늘날에는 이것들에다가 인터넷을 포함한 대중매체가 당연히 더해질 것이다. 밀이 스마트폰과 같은 오늘날의 대중매체 기기의 영향력을 본다면 무슨 생각을 할지 충분히 짐작해 볼 수 있다.

사람들을 '획일화'하는 경향이 있다는 그의 위기감이 있었다. "인간의 본성과 삶이라는 영역은 아무리 많이, 또는 아무리 여러 방향으로 연구해도 다하지 않는 영역"이라는 그의 말을 잘 이해해 보면, 무차별 대중(의 삶)에 토대를 두지 않을 수 없는 현대 민주주의가 그 '무차별성' 때문에 인간 개개인 본연의 독립성과 창의성을 억압하게 되는 난문제를 놓고 밀이 고심할 수밖에 없었음을 알게 된다. 사실은 이 책의 번역 작업을 힘들게 하기도 한 밀 특유의 만연체에는 그의 그러한 고심과 생각의 복잡성이 담겨 있다(옮긴이는 되도록 쉽고 자연스러운 우리말로 옮겨야 한다는 대원칙을 명심하면서도 밀의 이 만연체가 풍기는 분위기를 무시할 수 없었다).

한편, 옮긴이가 밀의 글을 번역하면서, 그리고 번역에 참고하기 위해 그의 다른 저작들을 읽으면서, 밀의 방대한 학식과 사려의 수준에 전혀 어울리지 않는다고 생각한, 아주 거슬리는 대목을 보게 되었다.

자기주장을 하는 원칙들 가운데 어느 한 가지가 완전한 승리를 거두어 그 다툼이 끝나 버렸고, 새로운 경쟁이 낡은 경쟁의 자리를 대신하지 않은 곳에서는, 사회가 중국식 정체 상태로 고착화되거나 해체되어 버렸다. (······) 그래서 예컨대 미국이 언젠가 또 다른 중국(역시 아주 상업화되고 산업화된 나라이다)으로 전락할 것인가라는 의문은 결국 우리에게, 그러한 저항의 중심이 점차 발달할 것인가 아닌가라는 의문이 될 것이다. (「벤담론」)

정확하게 말하자면, 이 세계의 대다수 지역에는 역사가 없다. 왜냐하면 그곳에서는 관습의 전횡이 극에 달하고 있기 때문이다. 아시아 전체가 바로 이런 상황이다. 그곳에서는 관습이 모든 문제에 대한 최종 결정권을 갖는다. 그래서 관습을 따르는 것이 곧 정의요, 올바른 것으로 통한다.[24]

그는 이렇게 단정하면서도 당대 중국이나 아시아 현실에서 취한 구체적 논거를 전혀 제시하지 않는다. 이러한 일방적이고 오만한 단정이 제국주의자들의 사고방식이나 태도와 매우 닮아 있다는 의심이 드는 것은 당연하다. 실제로 그는 여러 저서에서 제국주의를 옹호하고 예찬했을 뿐만 아

---

24 존 스튜어트 밀, 『자유론』, 서병훈 옮김, 책세상, 2012, 133쪽.

니라, 민망할 정도의 서구중심주의와 영국우월주의의 사고
방식을 드러냈다.[25] 적어도 당시 그는, 중국과 조선을 포함한
아시아 여러 나라들, 그리고 그 밖의 비서구 지역의 대부분
나라들이 온갖 관습의 적폐를 일소하고 자기 나름의 사회
개혁을 이루기 위해 고투하고 있었지만, 자기네 이익을 극대
화하기 위해 오히려 점령 지역의 관습의 적폐를 온존시키고
활용하고 있었던 장본인이 바로 제국주의자들이라는 사실
을 잘 모르고 있었음에 틀림없다. 밀이 벤담을 비판한 똑같
은 논리로 볼 때, 그가 서구와 자기 나라 못지않게 아시아를
비롯한 비서구 지역 사람들의 당대 현실과 역사를 훨씬 더
폭넓고 깊이 있게 이해했다면, 그는 위와 같은 제국주의자
의 사고방식과 태도를 갖지 않았을 것이다. 달리 말해 위와
같은 이해를 전제한다면, 밀은 타자에 대한 무지와 몰이해
를 반성할 수 있는 지성인이었으리라고, 그리고 이러한 전제
와 '상상'이 부당한 것이 아니라고, 옮긴이는 생각한다.

---

25 이근식, 앞의 책, 183-184쪽 참조.

벤담과 밀의 공리주의

초판 1쇄 발행 | 2018년 2월 16일
초판 2쇄 발행 | 2024년 4월 29일

지은이 제러미 벤담 · 존 스튜어트 밀
옮긴이 정홍섭
펴낸이 최종기
펴낸곳 좁쌀한알
디자인 푸른나무디자인
신고번호 제2015-000058호
주소 경기도 고양시 일산동구 장항로 139-19
전화 070-7794-4872
E-mail dunamu1@gmail.com
ⓒ좁쌀한알, 2018

ISBN 979-11-954195-4-8   03340

이 도서의 국립중앙도서관 출판예정도서목록(CIP)은 서지정보유통지원시스템 홈페이지(http://seoji.nl.go.kr)와
국가자료공동목록시스템(http://www.nl.go.kr/kolisnet)에서 이용하실 수 있습니다.(CIP제어번호: CIP2018005431)

판매·공급 | 푸른나무출판
전화 | 031-927-9279
팩스 | 02-2179-8103